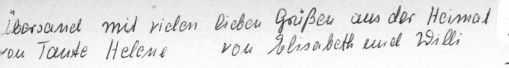

Theodor Müller-Alfeld

Deutschland
Germany
Allemagne

Gondrom Verlag Bayreuth

© dieser Sonderausgabe:
Gondrom Verlag Bayreuth 1977
Nachdruck verboten.
Englische Übersetzung: Gordon Fielden
Französische Übersetzung: Gabrielle Loch
Lithografie: Bräutigam, Hanau
Printed and bound by L.E.G.O. - Vicenza - Italy
ISBN: 3/8112/0001/1
Reprinted 1981

Vorwort

Der ständige Wechsel der Landschaftsbilder, den man auf einer Reise durch Deutschland von Norden nach Süden staunend erlebt, beruht in erster Linie auf den drei großen geologischen Stufen, die von den Meeresküsten und dem Tiefland über die Mittelgebirgsschwelle bis zum majestätischen Hochgebirge führen. Mit dieser groben Gliederung ist es aber keineswegs getan. Dazwischen gibt es unendlich viele Übergänge und Besonderheiten, die dem Auge immer neue Überraschungen bescheren. Da ist in den norddeutschen Niederungen das Beieinander von Marsch und Geest, von Mooren und Heiden, von Seen und Hügelketten. Unmerklich fast vollzieht sich dann für den von Norden kommenden Reisenden der Übergang vom horizontweiten Tiefland ins reich gegliederte Bergland, das im Teutoburger Wald und im Weserbergland seine ersten Ausprägungen erfährt, um mit dem unvermittelt bis zum 1142 m hoch ragenden Massiv des Harzes zum erstenmal Gebirgscharakter zu erhalten. Von nun an folgen die Bilder aufeinander wie in einem grandiosen Film: waldreiche Berglandschaften werden von breiten, fruchtbaren Talungen oder von engen, romantischen Flußtälern durchzogen; Rhein, Weser und Elbe schaffen die große Gliederung von West nach Ost, während Main und Donau durch ihre westöstlichen Längstäler den süddeutschen Raum übersichtlich aufteilen. In diesem Fächerwerk der Flüsse entfalten die Mittelgebirge von der Eifel bis zu den Sudeten, vom Sauerland bis zum Schwarzwald ihre verwirrende Vielfältigkeit, die es sogar dem Kundigen nicht leicht macht, aus dem Gedächtnis die einzelnen Berglandschaften einander richtig zuzuordnen. Das Erstaunliche ist, daß sie alle ihre Besonderheit haben und eigentlich unverwechselbar sind: Reinhardswald und Knüll, Hoher Meißner und Vogelsberg, Hunsrück und Taunus, Eifel und Rhön, Odenwald und Spessart – von den größeren Gebirgsmassiven der Sudeten, des Erzgebirges und des Böhmer- und Bayerischen Waldes, der Schwäbischen und Fränkischen Alb sowie des Schwarzwaldes ganz zu schweigen. Der überwältigende Wechsel von der offenen Landschaft des Voralpenlandes mit ihren wasserreichen Wildflüssen und herrlichen Seen zum erhabenen Hochgebirge bildet den Ausklang einer Reise, wie man sie mit ähnlichem Erlebnisreichtum kaum in einem anderen Land Europas unternehmen kann.

Diese Vielgestaltigkeit der deutschen Landschaft einschließlich der Gebiete jenseits der Elbe vor den Augen des Beschauers auszubreiten, mit all den großen und kleinen Städten, an denen Deutschland überreich ist, stellte sich der Herausgeber des vorliegenden Bildbandes als Aufgabe. Das schien kein mühevolles Unternehmen zu werden, denn es standen die Aufnahmen einer ganzen Reihe namhafter deutscher Photographen zur Verfügung, und es hatte den Anschein, als brauche man nur in diese Fülle hineinzugreifen, um den idealen Bildband über Deutschland zu gestalten. Aber diese Fülle erwies sich als außerordentlich erschwerend. Sie machte erst deutlich, wie unermeßlich reich Deutschland an landschaftlichen Schönheiten, an Städten und Bauwerken ist und daß der Versuch, diesen Reichtum durch eine möglichst große Zahl von Bildern sich widerspiegeln zu lassen, von vornherein zum Scheitern verurteilt sein mußte. Angesichts der Tausende von Aufnahmen wuchs schnell die Erkenntnis, daß das Problem nur auf einem anderen Weg zu lösen war: an die Stelle der Zahl, der Vielfalt mußte das Prinzip der wohlabgewogenen Auswahl treten. Es begann die Suche nach dem typischen Bild, das man stellvertretend präsentieren konnte. Das norddeutsche Tiefland beispielsweise hat viele Gesichter, je nachdem, ob man zwischen den Knicks in Schleswig-Holstein, auf dem Geestrücken an der Elbe oder im Teufelsmoor bei Worpswede wandert, aber ein einziges Bild aus der Lüneburger Heide, das einen einsamen Sandweg zwischen dunklen Wacholdersäulen zeigt, vermag die grenzenlose Weite und die beglückende Stille wiederzugeben, die auch heute große Teile der meeresnahen Tiefebene kennzeichnen. Ein Städtchen im Neckartal mit seiner wehrhaften Ummauerung und den von Bürgerstolz und Wohlhabenheit zeugenden Fachwerkhäusern steht für ungezählte Orte zwischen Main und Donau. Und wenn es nach einem heimatbegeisterten Photographen gegangen wäre, der bei der gemeinsamen Durchsicht seiner Bilder von den Alpen und dem Alpenvorland unentwegt neue Aufnahmen herbeibrachte und nicht ohne Überzeugungskraft darlegte, warum man bei der Darstellung dieses Gebietes auf keines von all diesen Bildern verzichten könnte, so hätte der ganze Bildband allein den Bayerischen Alpen gewidmet werden müssen. Statt dessen mußte man sich damit begnügen, die Großartigkeit der Gebirgswelt durch wenige, die das Wesen dieser Landschaft kennzeichnende Photos wiederzugeben.

Bei diesem einzig möglichen Verfahren war es unausbleiblich, daß man sich von unzähligen Aufnahmen trennen mußte, die es nach ihrer Qualität und Aussagekraft wert gewesen wären, gezeigt zu werden. Man hätte mehrere weitere Bände mit ihnen füllen können. Allein an Großstädten ist Deutschland so reich, daß sie, wollte man jede von ihnen auch nur mit einem einzigen Photo berücksichtigen, die Hälfte des Bandes in Anspruch genommen hätten. Das gilt in noch höherem Maße für all die Mittel- und Kleinstädte, die ein besonderes Merkmal der deutschen Lande sind, weil sie fast ausnahmslos ihr eigenes Gesicht haben. Das gilt für die Tausende von Dörfern mit ihren unterschiedlichen Anlagen ebenso wie für die über ganz Deutschland verstreut gelegenen bäuerlichen Einzelgehöfte. Und bedarf es überhaupt eines Hinweises auf die unübersehbar große Zahl von Schlössern und Burgen, die allenthalben die deutschen Lande schmücken, auf die Dome und Kirchen, deren Türme sich über den Städten erheben, auf die einzigartigen architektonischen Schätze, die sich dem Reisenden auf Schritt und Tritt darbieten? Ein solcher Reichtum ist selbst in einem umfangreichen Werk wie dem vorliegenden nur andeutungsweise zu erfassen. Das möge der heimatstolze Betrachter unserer Bilder bedenken, wenn er in dem Band vergeblich nach seiner Vaterstadt suchen sollte. Von irgendeinem anderen Bild wird sein Heimatgefühl plötzlich doch angesprochen werden, so hoffen wir, wenn er darauf Verwandtes entdeckt und etwas von der ihm vertrauten Atmosphäre verspürt. Der Herausgeber betrachtet seine Aufgabe als gelöst, wenn es ihm gelungen sein sollte, wie bei einer Mosaikarbeit Steinchen für Steinchen nebeneinanderzusetzen und daraus schließlich doch ein Ganzes zu formen, nämlich das Bild eines schönen Landes im Herzen Europas.

An Nordsee und Ostsee
(Seite 57-88)

Der nachdenkliche Beschauer empfindet als die besondere Größe der norddeutschen Küstenlandschaft die überwältigende Einheit von Land und Meer, das Ineinanderklingen dieser beiden gewaltigen Melodien, den ewigen Schöpfungsgesang, der über die Halligen und Watten, über die Deiche und Marschen hinwegbraust. Aber das Bild dieser scheinbar untrennbaren Einheit ist trügerisch – in Wahrheit leben Land und Meer in ständiger Feindschaft. Die Brandung nagt unaufhörlich an den Küsten, und der menschliche Erfindungsgeist reicht nicht aus, um den alljährlichen Landverlust zu verhindern. Im Gegensatz zu den Millionen Jahre alten ozeanischen Becken ist die Nordsee sehr jung. Am Ende der letzten Eiszeit, etwa vor zwanzigtausend Jahren, lag die Meeresküste viel weiter im Norden, noch jenseits der Doggerbank, und eine steinige Moränenlandschaft, das Ergebnis einer weiten Vergletscherung, dehnte sich mit Torfmooren, Kiefern- und Eichenwäldern bis zum heutigen England, durchzogen von der ungeheuren Talung der Unterelbe. Langsam drang dann das Meer vor; der Geestrand Ostfrieslands, die Steilufer nördlich von Bremen und im Innern Dithmarschens, die Dünen von Elmshorn und nördlich von Niebüll sind untrügliche Zeugen der alten Küsten. Aber das Meer nimmt und gibt: seitdem das Steigen des Wassers und das Absinken des Landes aufgehört haben, ersteht stellenweise aus den trüben Fluten auch neues Land. Dieser Vorgang vollzieht sich durch das Atmen des Meeres; bei jedem Hochwasser setzt sich in stillen Buchten eine hauchdünne Schlickschicht ab, und so wächst der Meeresgrund allmählich höher, bis er als Watt bei Ebbe aus den Fluten hervorragt.

Ewig bewegte Luft und ewig bewegte See sind die Merkmale der Norseeküste. Sie formen das Bild der Landschaft und prägen das Gesicht der Küstenbewohner, die sich gegen die erbarmungslose See behaupten müssen – als Fischer und Schiffer wie als Bauern. Die Stürme an der Nordsee sind ungemein gefährlich und fordern Jahr um Jahr zahlreiche Opfer an Schiffen und Menschen. Und der Landbewohner kann sich und die aus den Watten entstandene fruchtbare Marsch gegen die raubgierige See nur durch kunstvolle Deiche schützen. Aber selbst diese haben es in früheren Jahrhunderten und sogar in der jüngsten Vergangenheit nicht verhindern können, daß das Meer bei großen Sturmfluten weite Marschflächen zurückeroberte.

Es ist ein hartes, zähes, wortkarges Geschlecht, das an den Küsten der Nordsee siedelt. Die Friesen und Niedersachsen lieben das Meer und seinen großen Atem, sie lieben den Kampf mit der Natur und sehnen sich nicht etwa nach einem anderen Leben. Sie haben sich im Laufe der Jahrhunderte schließlich doch als stärker erwiesen. Sie holen aus den schier unerschöpflichen Fischgründen der Nordsee ihre Nahrung und ihren Lebensunterhalt, sie schufen sich die großen Häfen, von denen aus sie sich die Weltmeere erschlossen, und sie entwickelten aus fruchtbarem Acker- und Weideland eine Bodenkultur, die eine der intensivsten auf der ganzen Erde ist.

*

Der Nordwesten ist der einzige Teil Deutschlands, der an das offene Meer, nämlich an die Nordsee, grenzt. Das haben die

Friesen, die entlang der Küste von Holland bis Jütland wohnten, genutzt: sie waren schon zu Zeiten der Römer und im frühen Mittelalter ein seefahrendes Handelsvolk. Die deutsche Hanse des 13. und 14. Jahrhunderts setzte den Handel an der Ost- und Nordsee fort. Lübeck war das unbestrittene Haupt der Hanse; im Mittelalter war es nach Köln die größte deutsche Stadt. Doch die politischen Wandlungen im Ostseeraum wie auch die Verlagerung der Handelswege nach Amerika zu Beginn der Neuzeit rückten die Nordsee in den Vordergrund. Bremen und Hamburg blühten auf, und beide sind heute die einzigen Stadtstaaten (außer Berlin) in der Bundesrepublik. Hamburg hatte im Deutschen Reich der Vorkriegszeit die günstigere Lage: die Elbe ist, mit der Moldau, bis Prag schiffbar, und sie ist durch das märkische Kanalnetz mit Berlin, der Oder und Schlesien verbunden. So reichte der Einflußbereich des Hamburger Hafens bis nach der Tschechoslowakei und nach Polen. Nach seinem Hafenumschlag und nach der Ausdehnung seines Hafengeländes ist Hamburg auch heute, trotz der Einengung seines Hinterlandes, einer der größten Häfen der Welt. In Lübeck hingegen, das heute mehr Industrie- als Hafenstadt ist, spiegelt sich vor allem im Stadtbild trotz schwerer Kriegszerstörungen der Glanz der Hansezeit wieder. Seit 1386 sind die beiden Herzogtümer Schleswig und Holstein vereinigt, wenn auch bis 1866 Schleswig zu Dänemark und Holstein zum Verband des Deutschen Reiches gehörte. Die Eider, der heute der Nord-Ostsee-Kanal folgt, nach dem Suez- und dem Panamakanal der verkehrsreichste Seekanal der Erde, bildet die alte Grenze zwischen beiden Landesteilen, die zusammen 15 678 qkm mit 1 579 000 Einwohnern umfassen.

Die landschaftliche Gliederung von Schleswig-Holstein ist sehr deutlich ausgeprägt: der wellige Osten gehört der Grundmoräne der letzten eiszeitlichen Vergletscherung an. Der oft tonige Boden ist fruchtbar, das Klima ist etwas trockener und weniger windig als auf der der Nordsee zugewandten Seite. Der Ackerbau herrscht vor, und prächtige Laubwälder zieren die Hänge der Hügellandschaften. Tiefe, in der Eiszeit ausgekolkte Rinnen greifen von der Ostsee her weit in das Land ein; an diesen Förden liegen die größeren Städte wie Flensburg, Schleswig und die Landeshauptstadt Kiel, einst Hauptkriegshafen des Kaiserreiches und auch heute wieder Stützpunkt der Kriegsmarine, vor allem aber Anlegeplatz für die friedliche Touristenflotte, die Westdeutschland mit den skandinavischen Ländern verbindet.

Nicht weit von der Ostseeküste verläuft parallel mit ihr der Endmoränenwall der letzten Vereisung. Bis zu 164 m hohe Berge und in Wälder gebettete Seen, wie die Holsteinische Schweiz, sind zu vielbesuchten Erholungsgebieten geworden. Westlich und südlich der Endmoränen dehnt sich breit die Geest aus: sandige, wenig fruchtbare Böden, oft noch von Heide bedeckt und mit Mooren durchsetzt. Hier verlaufen die alten wie die modernen Verkehrswege nach dem Norden.

Wo die trockene Geest mit einer 10 bis 20 m hohen Stufe gegen das vom Schlick des Meeres und der Flüsse gebildete ganz flache, tiefliegende und feuchte Marschenland abfällt, liegt eine ganze Kette von Marktorten: Husum, Heide, Itzehoe, Elmshorn – auch Hamburg und einige Orte an der Oberelbe gehören noch in diese Reihe. Die Marsch ist reichstes Bauernland; hier bestand lange Zeit die freie Bauernrepublik Dithmarschen, und weiter im Norden leben die freiheitlich gesinnten Friesen. Das Land ist zum Teil oft mit unsäglichen Mühen dem Meer abgerungen worden und muß stets gegen das Meer verteidigt werden.

*

Über den Landriegel Schleswig-Holsteins hinweg gemessen, sind Nordsee und Ostsee noch keine hundert Kilometer voneinander entfernt, und doch kann man sich keine größeren Gegensätze denken, als sie uns in den Küstenlandschaften dieser beiden Meere entgegentreten. Während an der Nordsee das Land auf weiten Strecken ein ständig gefährdetes Geschenk der See ist, vom Menschen durch gigantische Deichbauten davor bewahrt, daß es eines Tages vom Meer zurückgenommen wird, atmet das Land an der Ostsee Ruhe und Beschaulichkeit. Gewiß, auch die Ostsee kann tückisch sein, auch sie hat schon Opfer gefordert, und die Vineta-Sage kündet von Wasserkatastrophen in grauer Vorzeit. Aber das Fehlen von Ebbe und Flut und die vom Nordseebewohner so gefürchteten Sturmfluten bestimmen das Bild dieses Binnenmeeres. Seine Küste ist freundlicher und für die Schiffahrt weniger gefährlich als die der Nordsee. Hier waren kaum Deichbauten notwendig, um das Land vor dem Zugriff des Meeres zu schützen, und die Struktur der Küste begünstigte die Bildung einer Reihe von ausgezeichneten natürlichen Häfen; aber auch binnenwärts gelegene Städte konnten durch Seekanäle an das Meer angeschlossen werden. Die wenigen großen Nordseehäfen spielen heute durch ihre unmittelbare Verbindung zum Ozean eine wichtigere weltwirtschaftliche Rolle als die Ostseehäfen, aber die Ostsee hat auch ihre große Zeit erlebt. Es war in den Tagen der Hanse, des machtvollen Zusammenschlusses von etwa hundert norddeutschen Städten unter Lübecks Führung, als über die Ostsee der Westen seine gewerblichen Erzeugnisse gegen die Rohstoffe der nördlichen und östlichen Länder aushandelte. Noch heute spüren wir den zu Zeiten der Hochblüte der deutschen Hanse errungenen

Reichtum in den prächtigen Rathäusern und Kaufmannspa-
lästen, vor allem aber in den machtvollen, vorwiegend im
heimischen Backstein errichteten Kirchenbauten, die von der
Kraft und dem Wohlstand des deutschen Bürgertums in einer
Zeit Zeugnis ablegen, als ohne Fürsten- und Reichshilfe nur
durch Umsicht, Fleiß und Wagemut ein beispielloser Aufstieg
erfolgte.

Geologisch betrachtet, hat die Ostseeküste eine andere Ent-
wicklungsgeschichte als das Land an der Nordsee. Schon auf
der Landkarte wird deutlich, daß sie erst nach der Eiszeit
durch Landsenkung entstanden ist. Dabei wurden in Schleswig-Holstein die durch späteiszeitliche Gletscherschwankun-
gen erweiterten Schmelzwasserrinnen zu Förden umgebildet.
Auf der langen Strecke zwischen Lübeck und Stettin über-
flutete die See eine unregelmäßige Moränenlandschaft, und
so bildeten sich die zerlappten Bodden. Zu eigentümlichen
Küstengestaltungen kam es durch die Tätigkeit des vorwiegend aus Westen wehenden Windes. Dieser erzeugte eine
Küstenströmung, die große Mengen von Sand in Form von
Strandwällen und schmalen Dünenzungen, sogenannten Neh-
rungen, ablagerte und kleine Strandseen und große Haffe
bildete. Das durch die Strömung verfrachtete Material ent-
stammt den steilen Kliffen, die meist aus Lehm oder Mergel
aufgebaut sind, auf Rügen auch aus Kreidefelsen, und oben
fruchtbare Äcker und hohe Buchenwälder tragen.

Weiter im Innern wird das Bild der Ostseeländer von dem
gewölbten Kamm des Baltischen Höhenzuges beherrscht, der
girlandenförmig die ganze Küste begleitet. Unzählige Seen
verraten in ihrer Rinnenform häufig die Fließrichtung des
großen Eisstromes. Diese überaus reizvollen Seengruppen
sowie die von Schleswig-Holstein bis ins westliche Ostpreußen
reichenden, durch Buchenwälder unterbrochenen Ackerland-
schaften machen das eigentliche Gesicht der Länder an der
Ostseeküste aus, die in Schleswig-Holstein und im benachbarten Mecklenburg durch die Wallhecken der Knicks noch
weiter untergliedert werden, so daß wir hier Landschaftsbilder
antreffen, die zu den abwechslungsreichsten in Deutschland
gehören.

Die deutsche Ostseeküste ist gradlinig und arm an Buchten.
Nur wo größere Flüsse ins Meer münden, konnten Hafen-
städte entstehen, so an der Warnow Rostock, das nach dem
letzten Kriege die Funktion als Haupthafen Mitteldeutsch-
lands übernehmen mußte und so zu einer Großstadt von
198 000 Einwohnern angewachsen ist. Im Binnenland liegen
die Städte häufig an den Enden von Seen, wie die beiden
mecklenburgischen Bezirkshauptstädte Schwerin und Neubrandenburg.

Zwischen Elbe und Niederrhein

(Seite 89-112)

Hohe Himmel, weite Ebenen und das Silbergeäder zahlreicher
Flüsse lassen in dem ausgedehnten Gebiet des niederdeut-
schen Tieflandes die Nähe des Meeres ahnen. Aber zwischen
die Flächen des Marschlandes und die Talungen der großen
Tieflandströme schieben sich wellige Geestflächen und bergige
Höhen und haben zwischen Niederrhein und Elbe eine Man-
nigfaltigkeit an Geländeformationen und landschaftlichen
Schönheiten hervorgerufen, wie sie im mitteleuropäischen
Raum kaum noch einmal zu finden ist. Der hohe Reiz dieses
Gebietes ergibt sich nicht nur aus dem steten Wechsel von
Ebenen und Höhenzügen, sondern auch aus dem Gegensatz
zwischen reiner, hochtechnisierter Industrielandschaft und
alten, an Geschichte und Kultur reichen Städten. Die Stille der
Naturschutzgebiete in der Lüneburger Heide und die oft schier
beklemmende Zusammenballung von betriebsamen Groß-
städten an Niederrhein und Ruhr, die gesegneten Äcker und
Weiden Westfalens und die sich stundenweit hinziehenden
Waldungen der Berge zwischen Weser und Leine bilden nur
die Gegenpole der Landschaftsskala; dazwischen liegt die
ganze Fülle der Abwechslungen, wie sie sich aus Kargheit und
Fruchtbarkeit des Bodens, aus Tal und Berg, aus Bevölke-
rungsdichte und Waldeinsamkeit ergeben.

An der Bildung der Landschaft waren vorwiegend die Kräfte
der Eiszeit beteiligt. Ungeheure Eismassen bewegten sich vom
skandinavischen Hochgebirge her südwärts und ließen den
mitgeführten Verwitterungsschutt im nördlichen Raum als
Moränen zurück. Schmelzwässer spülten diese aus, und bei
Schwankungen des Eisrandes wurden dann langgezogene
Hügelketten zusammengeschoben – Vorgänge von giganti-
schen Ausmaßen, mit Kräften, die mit Leichtigkeit Berge ver-
setzten.

Seinen Reichtum verdankt dieses Land in erster Linie dem
ungemein fruchtbaren Lößboden, der von den Winden der
Eiszeit herangetragen wurde, und den unterirdischen Schätzen.
So haben denn auch die Steinkohlenbecken nördlich der Ruhr
und bei Aachen, die Braunkohlengruben bei Köln und Helmstedt, die Eisenerzvorkommen von Salzgitter und die mannig-
fachen Salzlager und Solquellen Bergwerke und Fabriken in
reichem Maße entsehen und große Industriestädte aus der
Erde schießen lassen.

Aus Buchen- und Fichtenwäldern, den Wacholdergründen der Heide, romantischen Flußtälern, unübersehbaren Getreidefeldern, Fördertürmen, Kohlenhalden und flammenden Hochöfen hat sich zwischen den beiden größten deutschen Strömen das Bild einer Landschaft geformt, wie sie abwechslungsreicher kaum zu denken ist.

*

Das Bundesland Niedersachsen ist mit 47 408 qkm das zweitgrößte in Westdeutschland, mit 7 199 000 Einwohnern das viertgrößte. Zumeist gehört Niedersachsen dem norddeutschen Tiefland an; nur im Süden reicht es in den Gürtel der deutschen Mittelgebirge hinein.

Die verflachten und ausgelaugten Endmoränen des Warthestadiums der letzten Eiszeit durchziehen das Land südlich der Elbe; der Boden ist dort arm und war einst weithin von Heide bedeckt; man nannte die Landschaft nach der alten Hanse- und Salzstadt Lüneburg die Lüneburger Heide. Im Süden wird das wellige Land durch eine sehr breite Talung begrenzt, in der sich die eiszeitlichen Schmelzwasser sammelten. Heute ist sie von der Aller durchflossen, an der Celle, die alte Residenz der Herzöge von Braunschweig – Lüneburg, liegt.

Zwischen der unteren Elbe und der unteren Weser, wie auch zwischen der Weser und der Ems dehnt sich die Geest aus, unter der man Ablagerungen von älteren Eiszeiten versteht. Die reichlichen Niederschläge, die über das ganze Jahr hin gleichmäßig verteilt sind, haben oft den sandigen Boden ausgelaugt und zur Ausbildung von düsteren Hochmooren geführt, die jedoch jetzt überwiegend in Kultur genommen sind. So finden sich neben kleinen, locker gebauten Geestdörfern mit staatlichen niedersächsischen Einheitshäusern allenthalben die an schnurgeraden Kanälen aufgereihten Moor- und Vehnkolonien. Die lokalen Marktzentren sind zumeist klein geblieben; nur Oldenburg ist, als Residenz des gleichnamigen ehemaligen Herzogtums, zu einer noch recht ländlichen Großstadt mit 133 000 Einwohnern angewachsen.

Das fast auf Meeresniveau gelegene Marschenland an der Nordseeküste und an den Unterläufen von Elbe und Weser ist schon früh besiedelt gewesen. Eine allgemeine Senkung der Küste hat zu verheerenden Einbrüchen der Meeresfluten geführt; so entstanden im 13. und 15. Jahrhundert der Dollart an der Emsmündung und der Jadebusen, an dem Wilhelmshaven liegt. Das Land muß durch Deiche geschützt und die Siedlungen müssen auf künstlichen Erdhügeln, den Wurten, erbaut werden. Die ostfriesischen Inseln von Borkum bis Wangerooge wirken mit ihren hohen Dünen wie Wellenbrecher gegen das offene Meer. Durch Ebbe und Flut sind die Mündungen der großen Flüsse trichterförmig ausgeweitet, so daß sie vorzüg-

liche Schiffahrtswege abgeben. Bremen konnte sich mit Bremerhaven zu einem Welthafen entwickeln.

Niedersachsen reicht mit dem niedersächsischen Volkstum und dem niedersächsischen Bauernhaus noch weit in die deutsche Mittelgebirgsschwelle hinein. Hier im Westen gibt es allerdings keine langgestreckten hohen Gebirgswälle wie in Mittel- und Ostdeutschland. Vielmehr bildet ein schwer übersichtliches Mosaik von niedrigen Gebirgsstöcken und -ketten und von kleineren oder größeren Becken den Übergang zu Westfalen und Hessen. Die Becken sind häufig mit Lößlehm gefüllt und bieten der Landwirtschaft reiche Möglichkeiten. Die Gebirge sind aus mannigfaltigen jüngeren Gesteinen der Kreide- und Jurazeit oder aus Keuper, Muschelkalk und Buntsandstein aufgebaut und tragen zumeist schöne Laubwälder. Am Nordende des Teutoburger Waldes liegt die alte Hanse- und Bischofsstadt Osnabrück. Die obere Weser ist in der Geschichte stets eine ausgesprochene Grenzregion gewesen; viele kleine Gebirge und zwischengeschaltete Mulden und Becken finden sich westlich wie östlich des Flusses. So hat sich hier kaum eine größere Stadt entwickeln können; die größten sind das alte Hameln an der Weser und die ehemalige Hauptstadt des Fürstentums Lippe, Detmold.

Die großen Städte sind in der breiten Zone der Börden entstanden, die sich am Nordrand der Mittelgebirge von Osnabrück über Magdeburg bis nach Schlesien und Polen hinziehen. Die Lößanwehungen der Eiszeit ergeben einen besonders fruchtbaren Boden, der Weizen, Zuckerrüben und vielerlei Gemüse hervorbringt. Überdies finden sich im Untergrund Kali, Erdöl, Braunkohle und Eisenerz. In dieser Zone verläuft auch der Mittellandkanal, der das Rhein-Ruhr-Gebiet mit Elbe und Oder verbindet. An ihm liegt die niedersächsische Landeshauptstadt Hannover, die als Messe- und Industriestadt mit 576 000 Einwohnern an dreizehnter Stelle unter den deutschen Großstädten steht. Sie hat damit die alte Handels- und Hansestadt Braunschweig wie auch die Bischofsstadt Hildesheim weit überflügelt.

Westfalen, das sich nach Westen zu an Niedersachsen anschließt, ist größtenteils feuchtes Tiefland. Seine Bewohner, die Westfalen, sind etwas schwerfälligere Niederdeutsche, und ihre Einzelhofsiedlungen liegen hinter hohen Bäumen versteckt. Städte und Industrie treten zurück. Münster ist im Tiefland mit 200 000 Einwohnern die einzige Großstadt, Bielefeld mit 321 000 Einwohnern liegt bereits im Bergland. Nur im Süden zieht sich von der alten Bischofsstadt Paderborn bis über Dortmund hinaus ein trockenes, fruchtbares Lößband mit großen Dörfern und altertümlichen Städten – wie Soest –: der Hellweg, altes Straßenland im West-Ost-Verkehr.

Bei der westfälischen Stadt Hamm beginnt der Kohlenbergbau und damit das sogenannte Ruhrgebiet. An den Flanken des Ruhrtals, wo die Schichten der produktiven Steinkohle offen zu Tage treten, hat zwischen Werden und Witten schon frühzeitig der Bergbau begonnen. Später ging man dazu über, im Untertagebau auch die tiefer liegenden Kohlenflöze im Norden abzubauen; die alte Handels- und Hansestadt Dortmund und die einst kleine Klostersiedlung Essen wurden zu Städten der Kohle. In ihren Zentren entwickelte sich fast zwangsläufig auch Eisen- und Stahlindustrie, zu denen sich weiterhin Maschinen- und chemische Industrie gesellten. So wuchsen die Städte über die Ruhr zu mächtigen Siedlungen an, die sich durch Eingemeindungen über schön bewaldete Hänge bis ins Ruhrtal ausdehnten. Essen (675 000 Einwohner) ist, mit der weltbekannten Kruppschen Gußstahlfabrik, das eigentliche Zentrum des Ruhrreviers, während Dortmund (625 000 Einwohner) mit seinen großen Brauereien auch eine bedeutende Handelsstadt geblieben ist. Das zwischen beiden Städten gelegene Bochum (353 000 Einwohner) wurde dazu auserkoren, die Universitätsstadt des Industriegebiets zu werden. Der Kohlenbergbau dehnte sich im Laufe der Zeit noch weiter nach Norden zur Emscher und zur Lippe aus, wo die Flöze bereits in Tiefen bis zu 800 Metern liegen und von Kreideablagerungen überdeckt sind. Hier reihen sich an der Emscher die Großstädte Bottrop, Gelsenkirchen, Wanne-Eickel, Herne und Recklinghausen auf, von denen besonders die letztgenannte mit ihren Ruhrfestspielen und Kunstausstellungen bemüht ist, auch mit kulturellen Leistungen hervorzutreten.

Am Austritt der Ruhr in die rheinische Ebene liegen die alte Stadt Mülheim und die junge Eisenhüttenstadt Oberhausen. Wo dieser Fluß und der Rhein-Herne-Kanal in den Rhein münden, hat sich der größte Binnenhafen Europas entwickelt, Ruhrort, heute ein Teil der vereinigten Städte Duisburg-Hamborn mit zusammen 450 000 Einwohnern. Die Hüttenwerke und Kohlenzechen setzen sich auch links des Rheins fort: in Homberg, Rheinhausen und Moers dominieren Bergbau und Schwerindustrie. Mit Krefeld (224 000 Einwohner) ändert sich der Charakter der Industrien; hier steht, wie auch in Mönchen-Gladbach, die Textilindustrie voran. In dem feuchten Tiefland gegen die niederländische Grenze hin herrscht jedoch die Landwirtschaft mit Kartoffelbau und Schweinezucht vor, westlich von Köln auf gutem Lößboden mit Weizen- und Zuckerrübenbau.

Mittel- und Ostdeutschland
(Seite 113-136)

Die Grenzziehung für dieses Gebiet erfolgte etwas willkürlich. Die Bezeichnung „Mittel- und Ostdeutschland" wurde gewählt, um das Gebiet zu kennzeichnen, das zwischen dem Harz und der Thüringer Ebene im Westen und der Oder-Neiße-Linie im Osten liegt, sowie vom größten Teil der deutschen Ostseeküste im Norden und vom Thüringer und Frankenwald, vom Erzgebirge und dem Elbsandsteingebirge im Süden begrenzt wird. Kurz gesagt umfaßt es bis auf kleine geographische Differenzen das ganze Gebiet der heutigen Deutschen Demokratischen Republik (DDR). Die erwähnten kleinen geographischen Abweichungen beziehen sich insbesondere auf den Harz, der es sich nicht hätte träumen lassen, einmal ein Grenzgebirge zu werden – vielmehr ein Bergland, durch das völlig willkürlich eine deutsch-deutsche Grenze verlaufen würde, die es auf Grund der gegenwärtigen Verhältnisse einem aus Westdeutschland kommenden Harzwanderer nicht möglich macht, vom Torfhaus aus, einer schön im Hochwald gelegenen Ansiedlung im Oberharz, den früher eigentlich selbstverständlichen Ausflug auf den Brocken, mit 1142 m die höchste Erhebung des Harzes und ganz Norddeutschlands, zu unternehmen; denn der Brocken liegt heute auf dem Gebiet der DDR, und die Zufahrten sind gesperrt.

Trotz dieser gewaltsamen Amputation gehört der Harz, sowohl vom Westen als auch vom Osten her gesehen, zu den besuchtesten deutschen Fremdenverkehrsgebieten in Norddeutschland. Aus geologischer Sicht ragt er unvermittelt über die Bördenzone empor, ein Gebirgsstock aus alten Gesteinen. Nach allen Seiten fällt das Gebirge steil ab, reiche Niederschläge haben die Flanken tief zerschluchtet. Der Bergbau auf Gold, Silber, Blei, Zink und Kupfer hat zur Entstehung vieler hochgelegener Städte geführt; doch Goslar verdankte seine frühe Blüte vor allem der Gunst der sächsischen und fränkischen Kaiser. Der Harz ist ein 95 km langes und bis zu 30 km breites Mittelgebirge aus Schiefern und Grauwacken, ein überraschend geschlossenes Berg- und Waldland am äußersten Nordrand der deutschen Mittelgebirgsschwelle und eigentlich nicht mehr zu dieser gehörig, denn er schiebt sich als massiver Klotz gegen die norddeutsche Tiefebene vor. Wer sich ihm auf den Straßen der norddeutschen Tiefebene oder von Südwesten her nähert, erhält den Eindruck, plötzlich ein Gebirge vor sich zu haben, das im Grunde genommen nicht in die sich nach

Norden immer mehr verflachende Landschaft paßt. Der Harz erscheint dem sich Nähernden als eine dunkle Wand, die höher und höher wächst, verschlossen und abwehrend. Lediglich, wenn man aus östlicher Richtung käme, von Mansfeld etwa oder von Ballenstedt, würde sich der Übergang nicht so schroff vollziehen, denn im Osten sind die Harzränder flacher; geologisch gesprochen haben sich die nach Nordwesten hin deutlich als Bruchstufe in Erscheinung tretenden, hoch über die jüngeren Schichten des Vorlandes emporragenden älteren Schichten des Gebirges gegen den Südosten unter mesozoische Gesteine gesenkt, so daß sich der Unterharz allmählich in eine Mulde verliert. Wer im Unterharz wandert, wird auf der ausgedehnten Hochfläche inmitten von Laubwäldern und Getreidefeldern kaum den Eindruck haben, in einem Gebirge zu sein; erst wenn er an den Gebirgsrand gelangt und die tiefeingeschnittenen Flußtäler erkennt, wird er sich dessen bewußt. Der Oberharz dagegen gibt sich sowohl an den von den Flüssen tief eingetalten Rändern als auch auf seiner von flachkuppigen Bergen überragten Hochebene als ausgesprochenes Gebirge. Ganz gleich, ob man von Bad Harzburg, Goslar, Seesen, Osterode oder Herzberg in ihn eindringt – er schlägt einen unvermittelt in Bann und überfällt uns förmlich mit seinen für den norddeutschen Raum völlig ungewohnten Landschaftsbildern.

Bis um das Jahr 1000 war der Harz ein unzugängliches Waldgebirge; erst nach den großen Silberfunden im Rammelsberg bei Goslar begann der Bergbau den Harz zu erobern. Goslar ist durch die Schätze des Rammelsberges, der außer Silber auch Kupfer, Blei und sogar Gold lieferte, eine reiche Stadt und zeitweilig einer der Mittelpunkte des alten Reiches und Kaiserresidenz gewesen. Mit der Zeit wurde das Harzgebirge der erste Silber- und Kupferlieferant Deutschlands. Zu Zentren des Bergbaues entwickelten sich auch Clausthal, Zellerfeld, St. Andreasberg, Altenau, Lautenthal, Wildemann und Grund, die zu Freien Reichsstädten erklärt wurden.

Zwischen Harz und Elbe erstreckt sich ein von der deutschdeutschen Grenze zerschnittenes Gebiet, das links und rechts der Elbe liegt. Es ist im wesentlichen die Börde, ein überaus fruchtbares Flachland, dem Magdeburgs weite Umgebung ihre landwirtschaftlichen Übererträge verdankt. Am Ostrand des Harzes lagen einst Stützpunkte ostkolonialer Betätigung deutscher Könige und Kaiser: Quedlinburg, Halberstadt und Wernigerode – Orte, deren Anlage und Bauwerke noch heute beredt von ihrer großen historischen Vergangenheit namentlich in der Zeit der Sachsenkaiser erzählen können.

Östlich des Harzes wird das vielgestaltige Landschaftsbild Mittel- und Ostdeutschlands um einen neuen wesentlichen Zug bereichert. Im Gegensatz zu der Kleinkammerung des westlichen Deutschlands macht sich hier schon die großzügigere Landschaftstruktur des östlichen Mitteleuropas bemerkbar, mit weiten Ebenen und dem vom Einfluß des Ozeans weniger gemilderten kontinentalen Klima.

Im Süden bilden Mittelgebirge einen kaum unterbrochenen Wall von meist 800 bis 1600 m hohen Bergen: der Thüringer Wald, das Erzgebirge, die Sudeten. Ihnen nach Norden vorgelagert ist die schon erwähnte Zone fruchtbarer, teilweise lößbedeckter Ebenen, so bei Magdeburg, Leipzig, Görlitz und in Nieder- wie Oberschlesien. Dann beginnt nach Norden hin die Serie eiszeitlicher Geländeformen. In einer von Ost nach West hinziehenden feuchten Tiefenzone, einem sogenannten Urstromtal, waren einst die Schmelzwasser der eiszeitlichen Vergletscherung abgeflossen. Diese Urstromtäler werden auch von den heutigen Flüssen auf langen Strecken benutzt und haben die Anlage von wichtigen Kanälen sehr erleichtert. Weiter nach Norden schließen sich sandige Flächen mit Kieferhainen an, die Verschüttsande der Gletscher, hinter denen sich die von Ost nach West verlaufenden Endmoränenwälle erheben; diese begrenzen wiederum lehmige, meist fruchtbare Grundmoränenplatten. Nach Norden zu wiederholen sich danach mehrmals die gleichen Serien, die jedoch jeweils jüngeren Vereisungsperioden angehören. Die Endmoränen der jüngsten Eiszeit in der Nähe der Ostseeküste erreichen Höhen von 200, 300 m und mehr, und die vom Eis ausgekolkten Tiefenrinnen sind noch meist mit Wasser gefüllt.

Dieser ständige Wechsel im Bodenaufbau macht sich natürlich auch in der Vegetation und in den Landschaftsbildern bemerkbar. Weite Kiefernwaldungen auf den sandigen, von den Schmelzwässern aufgeschütteten Ebenen und trockenen Endmoränenhöhen, Eichen- und Erlenbruchwälder an den Flußufern und ganze Ketten von klaren Seen tragen dazu bei, daß namentlich die weitere Umgebung von Berlin als eine der reizvollsten Landschaften Mitteleuropas gilt.

Die Bewohner des Flachlandes betreiben vorwiegend Ackerbau, denn der wellige und kuppige Moränenlehm ist fruchtbar und erzeugt alljährlich große Mengen Getreide und Kartoffeln, während sich der Lößboden besonders für den Weizen- und Zuckerrübenanbau eignet. In mühsamer Arbeit wurden aber auch die feuchten Niederungen durch Deichbauten und Entwässerungsanlagen in vorzügliches Ackerland umgewandelt. Mitten in diesem norddeutschen Tiefland, an der Spree und an der Havel, die mit ihren Kanälen Elbe und Oder verbinden, ist Berlin entstanden, die Hauptstadt des ehemaligen Königreiches Preußen und später des Deutschen Reiches. Ihm widmen wir noch einen besonderen Abschnitt in diesem Band.

Berlin liegt in dem Warschau-Berliner Urstromtal, wie auch Potsdam, die Stadt der preußischen Könige, und Brandenburg, die früheste Hauptstadt der gleichnamigen Mark. An die feuchten Niederungen von Spree und Havel grenzen die lehmigen Platten des Teltow und des Barnim; aber auch sandige Kiefernheiden, wie die Schorfheide, und stille Waldseen, wie der Werbellin- und der Scharmützelsee, gehören zum Bild der märkischen Landschaft.

Zwischen Magdeburg und Dessau, der Hauptstadt des einstigen Herzogtums Anhalt, mündet die Saale in die Elbe. Ihr Flußgebiet deckt sich beinahe mit der Landschaft Thüringen, dem alten Siedelland des Volksstammes der Thüringer. Man nennt dieses Land auch „das grüne Herz Deutschlands". Fast auf allen Seiten ist es von Gebirgen eingeschlossen, dem Thüringer und dem Frankenwald, dem Hainich und dem Harz. Im Mittelpunkt liegt Erfurt (192 000 Einwohner), die größte Stadt des Landes. Im Vorland des Thüringer Waldes schließen sich nach Westen Gotha mit einst weltberühmten Verlagen und Versicherungsgesellschaften und Eisenach mit der Wartburg an, im Osten Weimar, die Goethestadt, Symbol deutschen Geisteslebens – alles einstmalige Residenzen von thüringischen Herzogtümern. Das Gebirge selbst ist reich an Gewerben, besonders der eisenverarbeitenden, der Glas- und Porzellan- wie der Spielwarenindustrie. An der Saale findet sich wiederum ein geistiges Zentrum, die Universitätsstadt Jena. Flußabwärts gelangt man in den Bereich der Kali- und Braunkohlenlagerstätten. Als Zentrum dieser Industrielandschaft ist die alte Salz- und Universitätsstadt Halle auf 266 000 Einwohner angewachsen.

Mitten im Braunkohlengebiet liegt auch Leipzig. Doch hat diese Stadt ihre Größe – 591 000 Einwohner heute gegen 707 000 im Jahre 1939 – vor allem dem Handel und seiner Messe zu verdanken. Mit ihrem Buchhandel, der Universität und dem reichen Musikleben war sie zudem ein bedeutendes deutsches Kulturzentrum. Dicht mit Industriestädten und großen Industriedörfern ist das hügelige Vorland des Erzgebirges wie das Gebirge selbst besetzt. Das 295 000 Einwohner zählende Chemnitz, das seit 1953 Karl-Marx-Stadt heißt, ist mit Maschinen-, Textil- und chemischer Industrie eine reine Arbeitsstadt. Zwickau ist Mittelpunkt eines kleinen Steinkohlenreviers, in Plauen herrscht die Textilindustrie vor. In den früheren Bergbaustädten des Erzgebirges ragen heute überall die Schlote von Fabriken empor. Selbst die einstmals wahrhaft königliche Stadt Dresden (508 000 Einwohner), das untergegangene barocke „Elbflorenz", in einer Oase milden Klimas an der Elbe gelegen, hat bedeutende Industrien, die überwiegend auf Herstellung von Verbrauchsgütern eingestellt sind.

Berlin und seine Umgebung

(Seite 137-156)

Wenn wir Berlin einen eigenen Abschnitt widmen, so geschieht das aus mehreren Gründen: einmal war es bis zum Ende des zweiten Weltkrieges die Hauptstadt des Deutschen Reiches, und für die Deutsche Demokratische Republik ist es seit der Gründung dieses Staates wenigstens zu einem Teil wieder Hauptstadt geworden; zum anderen hat West-Berlin nach dem Willen der Siegermächte den politischen Status eines Landes erhalten; zum dritten ist Berlin auch in seinem jetzigen amputierten Zustand mit seiner näheren Umgebung, mit der Spree, den Havelseen und den Wäldern ringsum keine Stadt im gewohnten Sinne, sondern eine Landschaft, und das mag einer der Gründe sein, warum Berlin früher ein so kraftvoller Magnet war, der die Menschen aus allen anderen deutschen Gebieten unwiderstehlich anzog.

Keine andere Großstadt im deutschen Raum kann sich eines so gesunden Klimas rühmen wie Berlin, was einmal einen Experten der Verkehrs- und Bäderwirtschaft bewog, den Vorschlag zu machen, Berlin zum „Bad" zu erheben. Er dachte dabei wahrscheinlich an die wundervolle Umgebung „Spree-Athens", an die Seen und Wälder, die es gar nicht so abwegig erscheinen lassen, auch einmal diese Stadt zum Ziel einer Urlaubsreise zu machen. Hinzu kommt aber noch ein anderes, das von einem Geopsychologen so formuliert worden ist: „Das Berliner Klima zählt zu den allerschönsten der Welt; seine Frische vor allem verleiht ihm jenen Luftton, den man gern als Champagnerluft bezeichnet. Ich habe viele Süd- und Westdeutsche, die sich menschlich mit der Berliner Atmosphäre schlecht abfinden könnten, das physische Klima der Reichshauptstadt in ehrlicher Begeisterung preisen hören". Für dieses vielgerühmte Berliner Klima reicht als Erklärung der Hinweis auf die vielen Seen und Wälder in der nahen und weiteren Umgebung nicht aus; es spielen noch andere Faktoren mit, und einer davon ist die Tatsache, daß diese Stadt im Grunde genommen nie Wert darauf gelegt hat, die vielen Städte und Dorfgemeinden, die nach und nach mit ihr zuzusammenwuchsen, wie ein Moloch zu verschlingen und sie sich buchstäblich einzuverleiben. Vielmehr ist sie – von ihrem Kern abgesehen – eine bunte Anhäufung unterschiedlicher Siedlungsformen geblieben; Großstadt, Mittelstadt, Kleinstadt, Dorf stehen oft scheinbar beziehungslos nebeneinander oder gehen jäh ineinander über. Es sind Inseln des Gestern, die insbesondere von West-Berlin gehegt und gepflegt werden, und die meisten von ihnen haben sich wiederum ihre grünen Inseln bewahrt, haben sie zu schönen Parks umgewandelt, ebenso wie das „eigentliche" Berlin nach dem Kriege nichts Eiligeres zu tun hatte, als den Tiergarten neu anzupflanzen. Das neue Hansaviertel, ein gelungenes Experiment im Zusammenhang mit der INTERBAU 1957, wurde an den Rand des Tiergartens verwiesen, wo das Musterbeispiel einer Wohnstadt von morgen entstand – mit Hochhäusern, Bungalows und Einfamilienhäusern aller Kategorien, in lockerer Bauweise, durch Grünflächen und parkartige Anlagen getrennt, so daß man nirgendwo den bedrückenden Eindruck einer monotonen Steinwüste hat. Was das Wohnen in Berlin außerdem so angenehm macht, ist der glückliche Umstand, daß man überall schnell wirklich „ins Grüne" kommt, womit der Berliner natürlich in erster Linie den Grunewald meint, das ausgedehnte Waldgelände im Westen der Stadt, das erst am Ostufer der seenartig verbreiterten Havel und am Wannsee endet. Diese unmittelbare Nähe von Wasser und Wald ist wohl der Hauptgrund für das gesunde Berliner Klima, doch die Einflüsse der Ost- und Nordsee bei nördlichen Luftströmungen und der Mittelgebirge bei Südwinden tun ein übriges.

*

Berlin ist eine junge Weltstadt, aus deren Geschichte wir staunend erfahren, wie aus einer bedeutungslosen Dorfsiedlung in wirtschaftlich ungünstiger Lage durch das Zusammentreffen der verschiedensten glücklichen Umstände dennoch eine Metropole mit heute 3,2 Millionen (West-Berlin 2 150 000, Ost-Berlin 1 088 000) entstehen konnte. Wir wollen und können hier nicht die Geschichte Berlins ausführlich schildern, denn sie reicht nach den neuesten Untersuchungen immerhin 55 000 Jahre zurück; jedenfalls hat man aus jener Zeit bereits Spuren menschlicher Anwesenheit im Berliner Areal gefunden. Begnügen wir uns vielmehr mit einem Rückblick auf einen Zeitraum, der überschaubar und sogar zu belegen ist. Die Geschichte zeigt, daß in dem Raum des heutigen Groß-Berlins noch vor neunhundert Jahren mehrere Städte und nicht weniger als 59 Dörfer existierten. Diese winzigen Zellen des späteren Riesengebildes dehnten sich allmählich ihrerseits, so daß etliche der zwanzig Bezirke des heutigen Berlins nicht ohne Stolz den Namen des Dorfes tragen, aus dem sie hervorgegangen sind: Lichtenberg, Weißensee, Pankow, Reinickendorf und andere – jede für sich eine Großstadt von 100 000 bis 200 000 Einwohnern. Aus den einstigen slawischen Burgen Spandau und Köpenick und den um sie herum entstandenen Städten wurden ebenfalls Bezirke von ähnlicher Größe. Nur Potsdam schloß sich 1920 von der Ein-

gemeindung in Groß-Berlin aus und liegt demzufolge heute mit 150 000 Einwohnern außerhalb Berlins, desgleichen die Städte Oranienburg, Königswusterhausen und Teltow. Der Wachstumsprozeß Berlins verlief nur langsam. Als die Stadt um 1230 von den Markgrafen von Brandenburg nördlich der Spree gegründet wurde, um zusammen mit der kleineren Schwesterstadt Cölln auf der Spreeinsel den Spreeübergang zwischen Barnim und Teltow zu sichern, zählte sie so wenig Einwohner, daß man sie kaum als Stadt bezeichnen konnte. 1540 besaßen Berlin und Cölln zusammen noch keine 11 000 Einwohner. Im Dreißigjährigen Krieg wurde die Stadt mehrfach von den Schweden und den Kaiserlichen überfallen, geplündert und gebrandschatzt, und die Einwohnerzahl sank wieder auf 7500. Sie blieb noch lange ein kleines, fast armselig wirkendes Provinznest. Erst unter den Hohenzollern ging es rapide aufwärts. Vom Barock und Rokoko geprägte Bauten schufen ein neues Stadtbild. Der Große Kurfürst Friedrich Wilhelm legte vornehmlich Wert darauf, Berlin und Cölln zur Festung auszubauen. Darüber hinaus wurden zu seiner Zeit die Voraussetzungen für eine Stadtentwicklung geschaffen, die bald über die Wälle der Festung hinausgriff. Unter Friedrich I. wurden Berlin und Cölln mit den inzwischen aus Vororten entstandenen neuen Städten zu einer Gesamtstadt vereinigt, die nun 56 000 Einwohner zählte. Die größte architektonische Leistung unter diesem König war der Umbau des schon aus der Zeit des Kurfürsten Joachim II. stammenden Renaissanceschlosses, das von A. Schlüter und J.F. Eosander v. Göthe in eine gewaltige Barockanlage verwandelt wurde. Die Russen sprengten sie nach der Einnahme von Berlin 1945, weil sie in dem kaiserlichen Schloß das Symbol des verhaßten Preußentums sahen. Verschiedene andere Großbauten, so das Zeughaus, das Gartenschloß Monbijou und das Schloß Charlottenburg, gaben der Stadt allmählich das Gepräge einer wirklichen Residenz. Unter Friedrich dem Großen ging diese Entwicklung trotz der verschiedenen Kriege, die er führte, weiter. Die Oper, die Hedwigskathedrale, das Prinz-Heinrich-Palais, der Deutsche und der Französische Dom am Gendarmenmarkt und das Schloß Bellevue im Tiergarten waren sichtbare Zeichen des königlichen Willens, aus Berlin eine wirkliche Hauptstadt zu machen. Bei seinem Tode zählte sie bereits 150 000 Einwohner. Im Zeitalter der Aufklärung und der Romantik wurde Berlin auch ein Mittelpunkt des Geisteslebens, vor allem nach der Eröffnung der Universität im Jahre 1810. Wissenschaftler, Künstler und Dichter zog es nach dem aufstrebenden „Spree-Athen", das vor allem nach den Befreiungskriegen einen ungeahnten Aufschwung nahm. Der beherrschende Architekt jener Zeit war

K.F. Schinkel, der mit der Neuen Wache, dem Schauspielhaus am Gendarmenmarkt und dem Alten Museum das Bild der Innenstadt weiter verschönte. Berlin als Stadt und als kultureller Mittelpunkt wurde wirklich zum Magneten: 1850 war die Bevölkerung auf 419 000 Einwohner angestiegen. In der Wilhelminischen Zeit steigerte sich die Entwicklung noch erheblich, vor allem nachdem Berlin 1871 zur Reichshauptstadt erhoben wurde. Jetzt erreichte die Einwohnerzahl rasch die Millionengrenze; nach Größe und baulicher Ausgestaltung, nach seinem Kunst- und Geistesleben konnte es nun in die Reihe der Weltstädte gestellt werden.

Nach der Machtübernahme durch den Nationalsozialismus wickelte Hitler, durch den großzügigen und gelungenen Umbau des Reichssportfeldes für die Olympischen Spiele 1936 angeregt, gigantische, vielfach weit übersteigerte Pläne zum weiteren Ausbau, zum Teil auch zur völligen Neugestaltung der Reichshauptstadt, mit deren Durchführung er Albert Speer beauftragte. Von diesen Projekten konnten durch den Ausbruch des zweiten Weltkrieges aber nur wenige verwirklicht werden. Nach dem steilen Aufstieg, den Berlin im 19. Jahrhundert genommen hatte, war dann der Absturz um so tiefer. Der Bombenkrieg und der Endkampf um Berlin machten aus der glanzvollen Residenz deutscher Könige und Kaiser und aus der „Hauptstadt der Bewegung" ein Trümmerfeld ohnegleichen. Man hat ausgerechnet, daß der Trümmerschutt, der in Berlin weggeräumt werden mußte, etwa ein Sechstel aller Schuttmassen in den übrigen deutschen Städten ausmachte. Weit schlimmer aber noch als die Zerstörungen waren die Hemmnisse, die einem Wiederaufbau und dem Wiedererstehen einer deutschen Hauptstadt von den Alliierten in den Weg gelegt wurden. Es kam zu dem unseligen Beschluß, aus Berlin eine zweigeteilte Stadt zu machen. Darauf lief praktisch die Teilung des Stadtbereiches in vier Besatzungsgebiete, die sogenannten Sektoren, hinaus, die je einer Besatzungsmacht zugewiesen wurden. Wachsende Spannungen in der Weltpolitik wirkten sich insofern auch auf Berlin aus, als die Vertreter der Sowjetunion sich 1948 aus der Alliierten Hohen Kommandantur zurückzogen, was den Beginn der Loslösung Ost-Berlins unter einem eigenen Oberbürgermeister bedeutete, die noch im gleichen Jahr Wirklichkeit wurde. Äußeres Symbol dieser Trennung ist die entlang der sowjetischen Sektorengrenze gebaute „Berliner Mauer", mit der eine blutige Grenze zwischen den beiden Teilen der Stadt gezogen wurde.

Seitdem müssen die Berliner in einer zweigeteilten Stadt leben, oft sogar von ihren Angehörigen getrennt. Sie haben inzwischen gelernt, auch mit diesen im Grunde unmöglichen Verhältnissen fertig zu werden. West-Berlin hat einen Regie-renden Bürgermeister, und seine Vertreter sitzen auch im Deutschen Bundestag, allerdings ohne Stimmberechtigung. Der Wiederaufbau der Stadt ist nach den ersten Jahren, die durch den Kampf um die nackte Existenz gekennzeichnet waren, in bewunderungswürdiger Weise betrieben worden, so daß die Spuren des Krieges inzwischen weitgehend beseitigt werden konnten und hier und da nur noch dem Kundigen sichtbar sind. Aber auch in Ost-Berlin haben sich erstaunliche Wandlungen vollzogen. Die erste städtebauliche Tat nach dem Krieg war die Schaffung der Stalin-Allee, der früheren Frankfurter Allee, die später in Karl-Marx-Allee umbenannt wurde. In den letzten Jahren sind aber auch große Teile der Innenstadt, namentlich das neue Stadtzentrum am Alexanderplatz, wiedererstanden; sie zeigen bis auf wenige aus der früheren Zeit erhalten gebliebene oder wiederaufgebaute repräsentative Gebäude ein völlig neues Gesicht. Eine große Stadt, eine Weltstadt, früher ein einziger Organismus, beweist, daß sie auch als Mißbildung eines Doppelwesens weiterzuleben vermag.

Links und rechts des Rheins

(Seite 157-200)

Der Rhein ist wie alle großen Flüsse unseres Kontinents ein wahrhaft europäischer Strom. Auf dem 1 300 km langen Weg von seinem Quellsystem bis zum Meer durchfließt er drei westeuropäische Länder; außerdem bildet er auf langer Strecke, nämlich von Basel bis in die Höhe von Karlsruhe, die Grenze zwischen Deutschland und Frankreich, und durch schiffbare Nebenflüsse hat auch Belgien Anteil wenigstens an seinem Mündungsgebiet. Er bietet gleichsam das klassische Bild eines Stromes: dem ewigen Eis der Gebirgswelt entspringend, Bergriegel in schluchtigen Tälern durchbrechend, Seen und schließlich die Ebene durchströmend, ehe er sich ins Meer verliert, und wer sein wechselvolles Geschick, seine atemberaubende Dramatik erleben will, muß auch seine Quellflüsse kennenlernen.

In seinem weitgefächerten Quellsystem sind zwei Hauptflüsse klar zu erkennen. Der eine ist der Vorderrhein, der seinen Ursprung im Tomasee hat, unter dem Gipfel des 2937 m hohen Piz Baldus im Osten des Sankt Gotthard. Der andere ist der Hinterrhein, der seine Wiege im ausgedehnten Gletschergebiet der Adulaalpen hat, wo am Rheinwaldhorn der Paradiesgletscher mit seinem Abbruch tief herabhängt. Hier braust aus dunklem Gletschertor der bereits in seinem Ursprung machtvolle Hinterrhein hervor. Nach der Vereinigung der beiden Hauptquellflüsse bei dem Schloß Reichenau in der Schweiz fließt der nun Alpenrhein genannte junge Strom in einer großen Nord-Süd-Furche, die sich vom Comer See bis zum Bodensee erstreckt und die West- und Ostalpen voneinander scheidet, nach Norden weiter, wo die mächtigen Gebirgsgewässer in dem immer weiter werdenden Tal ein Delta bilden, das zwischen Rheineck und Bregenz mit fast 20 km seine größte Breite erreicht. Die Deltaebene ist eine weite Fläche aus Geröll und Sand, die der Rhein allmählich selbst aufgeschüttet hat und durch die er mit seinen Deltaarmen und dem kanalisierten Hauptbett dem Bodensee zufließt.

Auch das „Schwäbische Meer", Deutschlands größter und tiefster See, ist ein Werk des Rheins. Er entstand in der Eiszeit, als die Alpengletscher sich weit ins Vorland hinausschoben. Damals furchte der besonders große Rheingletscher ein mächtiges Becken aus, und in diese von großen Endmoränen umgebene Niederung ergoß später der Fluß seine Wassermassen und füllte sie allmählich auf. Vom Untersee ab, aus dem der Strom bei Stein am Rhein austritt, ist er bis Basel entweder ganz schweizerisch oder bildet auf langen Strecken die deutsch-schweizerische Grenze. Eingezwängt zwischen dem Schweizer Mittelland und dem Schweizer Jura einerseits und den südlichen Ausläufern des Schwarzwaldes andererseits, wird das Landschaftsbild des Hochrheins, wie er vom Bodensee bis Basel heißt, von welligen Bergformen bestimmt, deren Waldkleid sich oft bis dicht an die Flußufer hinabzieht. Bei Schaffhausen wird sein Lauf von einem Riff aus hartem Jurakalk, einem Verbindungsstück zwischen dem Schweizer Jura und der Schwäbischen Alb, abgeriegelt. Die Wassermassen ergießen sich hier machtvoll in den klippenreichen Durchbruch, um hinter Schaffhausen den Rand der Barre zu erreichen, über den sie mit Donnergetöse in das tiefe Bett hinabstürzen.

Im weiteren Verlauf seines Weges muß das noch immer ungebärdige Gebirgsgewässer zum ersten Male richtig arbeiten: die 150 m Gefälle des Hochrheins werden durch verschiedene Kraftwerke genutzt. Mit Hilfe der Technik hat man es auch erreicht, daß die Großschiffahrt mit Schiffen und Kähnen bis zu 1 500 t Tragfähigkeit schon auf dem Hochrhein, bei Rheinfelden, beginnen kann. An der Verwirklichung des Planes, den Großschiffahrtsweg bis zum Bodensee auszubauen, wird gearbeitet.

Von der Baseler Dreiländerecke ab ändern sich Richtung und Schicksal des Rheins. Mit einer energischen Schwenkung wendet sich der von jetzt an Oberrhein benannte Strom nach Norden und tritt nun aus der bisherigen Enge felsiger Betten in die Weite der Oberrheinischen Tiefebene. Dieser Weg ist ihm durch gewaltige urzeitliche Geschehnisse vorgeschrieben. Wenn er zwischen den eindrucksvollen Gebirgskulissen der Vogesen im Westen und des Schwarzwaldes im Osten ungehindert hindurchströmen kann, so hat er das einem allmählichen oder auch gelegentlich ruckweise erfolgten Absinken der zwischen den beiden heutigen Gebirgszügen liegenden Schollen in der Tertiärzeit zu verdanken – ein erdgeschichtlicher Vorgang, der, nach den in diesem Gebiet hin und wieder auftretenden Erdbeben zu schließen, heute vielleicht noch nicht beendet ist. Die Oberrheinische Tiefebene ist also geologisch gesehen eine Grabensenkung. Der ungestüm aus den Bergen hervorbrechende junge Rheinstrom fand hier plötzlich ungehemmte Entfaltungsmöglichkeiten, die er in früheren Zeiten weidlich ausnutzte, indem er in der weiten Ebene nach Herzenslust vagabundierte. In einem verwirrenden Netz von Verzweigungen und Wiedervereinigungen bewegte er sich nach Norden. Die von ihm mitgeführten Massen von Sand und Geröll füllten immer wieder alte Betten aus und zwangen so den Fluß, sich neue zu suchen oder zu graben. Es bedurfte gewaltiger Anstrengungen und eines riesigen Aufwandes an finanziellen Mitteln und Material, um den Rhein schließlich zu bändigen. Fast die ganze Strecke von Basel bis Mainz mußte reguliert werden, um dem Strom ein festes Bett zu geben und die zahlreichen Windungen abzuschneiden, von denen dann die meisten allmählich verlandeten.

Es ist das Schicksal des Rheins, auf langen Strecken Grenze zu sein. Von Basel bis in die Höhe von Karlsruhe vollzieht er die Trennung von deutschem und französischem Gebiet. Dem fruchtbaren Garten, den die Oberrheinische Tiefebene mit Obstplantagen und Weingärten darstellt, drohte zeitweilig Gefahr durch das gewaltige Projekt des Rhein-Seitenkanals (Grand Canal d'Alsace), das die Franzosen nach dem Kriege in Angriff nahmen und das praktisch auf dem Plan beruhte, das ganze Rheinwasser unterhalb Basels auf französisches Gebiet abzuleiten und nach 120 km bei Straßburg wieder in das alte Strombett zurückzuführen. Die Folgen der Rheinableitung machten sich bald so verhängnisvoll bemerkbar, daß man von einer drohenden Versteppung der Oberrheinebene sprach. Die unmittelbare Auswirkung dieses radikalen Eingriffs in den Wasserhaushalt der Oberrheinebene war nämlich eine katastrophale Senkung des Grundwasserspiegels in diesem Gebiet, und dem ganzen anliegenden Vegetationsstreifen links und

und rechts des Oberrheins zwischen Basel und Straßburg drohte damit die Austrocknung. Glücklicherweise gelang es 1956 in deutsch-französischen Verhandlungen, eine Kompromißlösung zu finden, die sogenannte „Schlingen-Lösung", die darauf hinausläuft, daß etwa auf der Hälfte der ursprünglich für den Kanal vorgesehenen Strecke das Rheinbett mitbenutzt wird.

Zu den berühmten Weinbaugebieten am Oberrhein gehört im sogenannten Markgräfler Land auch der Kaiserstuhl, den wir hier erwähnen müssen, weil er eine geologische Besonderheit darstellt. Er ist ein altes Vulkangebirge, dessen Aufbau man noch klar erkennen kann. Heute bietet es sich als eine liebliche Hügellandschaft dar, rebenumsponnen und sonnendurchleuchtet, und in dem ungewöhnlich warmen, fast schon mediterranen Klima reift vieles, was sonst südlicheren Ländern vorbehalten ist.

Der Fruchtbarkeit des Bodens im Oberrheingraben entspricht der Reichtum an bekannten Städten, die vor den Waldhängen des Schwarzwaldes und der Vogesen, vereinzelt auch in der Ebene liegen. Die traditionsreichsten unter ihnen sind die beiden größten oberrheinischen Städte: Freiburg und Straßburg mit ihren weltberühmten Münsterbauten. Hinter Rastatt, der ehemaligen Residenz der Markgrafen von Baden-Baden, verebben die nördlichen Ausläufer des Schwarzwaldes. Die Ebene scheint noch weiter zu werden; nur an klaren Tagen kann man auf beiden Seiten zugleich die unruhigen Ketten von Gebirgszügen erkennen. Im Westen ist es die Haardt, wie der östliche Rand des Pfälzer Waldes genannt wird, im Osten der Odenwald. Auch diese Landstriche sind von der Sonne gesegnet, und die Weinstraße, die am Rande der Haardt verläuft, ist nicht minder berühmt als die Bergstraße am Westhang des Odenwaldes, die man wegen ihres besonders milden Klimas die „Deutsche Riviera" nennt. Die Reihe der altehrwürdigen Städte setzt sich auch hier fort und nimmt sogar an Dichte zu. Was Karlsruhe an der Patina des Alters fehlt, ersetzt es durch die Repräsentanz des Weinbrenner'schen Klassizismus. Weiter stromabwärts erhebt sich als Denkmal deutscher Geschichte der Kaiserdom zu Speyer, der die Gebeine von acht deutschen Kaisern birgt. In den Mauern dieser Stadt hat einst mancher glanzvolle und schicksalsschwere Reichstag stattgefunden, bis Speyer in dem dunklen Jahr 1689 durch französische Truppen die sinnlosen Zerstörungen erlitt, denen neben ungezählten anderen Städten, Burgen und Schlössern auch das Heidelberger Schloß zum Opfer fiel. Dieses erhebt sich indessen auch als Ruine noch in erhabener Größe über der Stadt, die den Ausbruch des Neckars, eines der wasserreichsten Nebenflüsse des Rheins, 20 km vor dessen Einmündung

säumt. Von dem aus politischer Rivalität entstandenen Städtepaar Mannheim-Ludwigshafen hat Mannheim als Residenz der pfälzischen Kurfürsten ebenfalls eine bedeutsame Vergangenheit. Noch heute beschließt das mächtige Barockschloß die Hauptachse der schachbrettartig angelegten Stadt. Aber das Lebenszentrum der beiden Städte befindet sich im Mündungsdreieck zwischen Rhein und Neckar, wo sich viele Kilometer lang die Verladeufer, Lagerhäuser und Brennstofftanks erstrecken, und in dem weitläufigen Industriegebiet der Schwesterstädte, die – wie einmal gesagt wurde – „auf Industrie und Finanz, Maschinerie und Wissenschaft, auf Kohle, Beton und Konstruktion gegründet worden sind".

Von Speyer kann man nicht sprechen, ohne an Worms und Mainz zu denken. Die einstige Hauptstadt des Burgunderreiches ist noch heute vom Zauber der Nibelungensage umsponnen, und in die deutsche Geschichte ist Worms durch so bedeutsame Ereignisse wie das Wormser Konkordat, den Reichstag, der den Ewigen Landfrieden beschloß, und durch jenen anderen Reichstag, vor dem Martin Luther sich zu verantworten hatte, eingegangen. Aus jenen großen Tagen ragt noch immer der wundersame romanische Dom in unsere Gegenwart hinein, die der Stadt im übrigen unendlich viel an unersetzlichen Werten genommen hat. Auch von dem „Goldenen Mainz" gegenüber der Mündung des Mains ist nach dem letzten Krieg nicht viel übriggeblieben, aber der Dom beherrscht wie einst das imposante Rheinuferpanorama der alten Bischofsstadt.

Mit der blauen Horizontlinie des Taunus kündigt sich ein neuer Wechsel der landschaftlichen Szenerie im Rheinverlauf an. Dem von Süden kommenden Strom wird bei Wiesbaden durch das querliegende Taunusmassiv ein jähes Halt geboten, so daß er gezwungen ist, nach Westen auszuweichen. Er durchfließt nun auf der kurzen Strecke von rund 40 km eine Landschaft von traumhafter Schönheit, den fruchtbaren Rheingau, der sich zwischen dem zu majestätischer Breite angewachsenen Strom und dem waldbedeckten Höhenzug des Gebirges dehnt. Die nach Süden sanftgeneigten Hänge des Taunus sind bedeckt von Rebgärten, zwischen denen stattliche Weingüter, ehrwürdige Klöster und traditionsreiche Schlösser liegen. Und rechts und links des Rheins reihen sich in dichten Ketten die alten Weinorte, von denen sich jeder „großer" Weine rühmen darf. An der Stelle, wo gleich drei Orte mit bekannten Namen auf engstem Raum beieinanderliegen: Rüdesheim und Aßmannshausen auf dem rechten Ufer, Bingen ihnen gegenüber auf dem linken Ufer, setzt der Strom zu der vielleicht dramatischsten Phase seines ereignisreichen Verlaufes an. Mit einer energischen Rechtsschwenkung schickt er sich an, das Rheinische Schiefergebirge zu durchbrechen, und was seiner auf dieser 120 km langen Strecke harrt, läßt bereits das „Binger Loch" erkennen, wo vorgeschobene Forts des linksrheinischen Hunsrücks und des rechtsrheinischen Rheingau-Gebirges das Flußtal stark einschnüren und dem Rhein sogar in seinem Bett Hindernisse in Gestalt von kleinen Inseln, Felsbänken und unter der Wasseroberfläche liegenden Riffs in den Weg legen – Barrieren, die der Schiffahrt ernste Schwierigkeiten bereiten.

Der nun folgende Teil des Rheinverlaufs ist mit seinen vielen Windungen und Steilhängen, mit seinen Weinbergen und idyllischen Orten, mit seinen ungezählten Schlössern, Burgen und Ruinen auf schroffen Felsvorsprüngen zum Inbegriff der Rheinlandschaft geworden und bringt immer wieder bei den Rheinbesuchern die romantischen Saiten zum Klingen. Dem Geschichtskundigen jedoch erzählen die Trümmer dieser Burgen wesentlich nüchterner von jenen Zeiten, als sich der mittelalterliche Adel oft untereinander bekriegte und als weltliche und geistliche Fürsten den schon damals lebhaften Schiffsverkehr auf dem Rhein als willkommene Einnahmequelle ansahen und ihre Zollburgen den Strom entlang errichteten – in so dichter Folge oft, daß auch der friedlichste Handelsherr die vielen durch den Rhein gelegten Ketten als übelste Belästigung und Wegelagerei ansehen mußte. Die meisten dieser Zwingburgen fielen daher schließlich dem Zorn der Ausgeplünderten zum Opfer.

Von den zahlreichen Städten auf beiden Ufern ist Koblenz mit 121 000 Einwohnern die größte und bedeutendste. Die Römer errichteten mit Bedacht ihr „Castrum ad confluentes" an der Stelle, wo Mosel und Lahn gegenläufig den Rhein erreichen. Hinter Koblenz durchfließt der Rhein zweimal kleinere Becken, das durch einen tertiären Einbruch entstandene Neuwieder Becken und das Niederungsbecken an der Ahrmündung. Danach tritt die imposante Bergkette des Siebengebirges ins Blickfeld. Wie man an den charakteristischen Formen seiner Erhebungen erkennen kann, sind diese durch vulkanische Tätigkeit entstanden; sie stellen heute aber nur die Ruinen einstiger Vulkane dar, zu deren Füßen beliebte Kurorte liegen, unter denen Honnef, Königswinter und auf der anderen Rheinseite Godesberg die bekanntesten sind.

Der hindernis- und windungsreiche Weg des Rheins durch das Rheinische Schiefergebirge ist nun zu Ende. Als Niederrhein tritt er in das letzte Stadium. Es ist eine glanzvolle Straße des wohlverdienten Erfolges, die er beschreitet. Nach der Enge der Gebirgsstrecke, nach dem ewigen Kampf gegen natürliche Hindernisse strömt er jetzt breit und machtvoll dahin, ein Segenspender für das Land an seinen Ufern und für die Menschen. Hier wird erst richtig sichtbar, daß der Rhein der be-

deutendste Binnenschiffahrtsweg Europas ist, der die dichtest besiedelten, industriereichsten und höchstkultivierten Gegenden des Festlandes durchfließt und durch schiffbare Nebenflüsse und Kanäle mit fast allen Punkten Mitteleuropas in Verbindung steht. Auf den Schiffen, die den Rhein befahren, kann man die Flaggen vieler Nationen sehen. Voraussetzung für die Internationalisierung des Rheinschiffsverkehrs war die Rheinschiffahrtsakte von 1831, in der die Uferstaaten übereinkamen, die alten Umschlags- und Stapelrechte und die Vorrechte der Schiffergilden aufzuheben. Die volle Internationalisierung brachte aber erst das Mannheimer Abkommen von 1868.

Die erste größere Stadt an dem aus dem Gebirge getretenen Strom ist Bonn, die Hauptstadt der Bundesrepublik Deutschland. Sie liegt zwar nicht mehr im Herzen der Schönheit, nimmt jedoch noch daran teil durch die Sichtnähe des Siebengebirges. 25 km weiter stromabwärts folgt dann Köln, die ehrwürdige Colonia agrippinensis, deren gotischer Dom mit seinen zwei Türmen weithin zu sehen ist. Von seinem Eintritt in die Kölner Tieflandsbucht an ändert sich das Bild des Stroms nun nicht mehr, dagegen erfahren die Ufer noch mancherlei Wandlung. Gleich hinter Köln gibt es den ersten Szenenwechsel: zu beiden Seiten wächst die Industrielandschaft, anstelle der gemütvollen Rheinlieder am Fuße der Weinberge ertönt jetzt die Sinfonie harter Arbeit. Hier gibt es keine Burgen, sondern aus Fabriken, Zechen, Gleisanlagen, Häfen und Ladekais entsteht gleichsam ein symbolisches Gemälde unserer Zeit, das seine höchste Steigerung in dem von gewaltigen industriellen Werken eingeschlossenen Rheinhafen Duisburg-Ruhrort findet. Vorher erhebt sich noch ein anderes Wirtschaftszentrum mit kühnen Hochhäusern am Rheinufer: Düsseldorf, „Der Schreibtisch des Ruhrgebietes", wie es wegen der zahlreichen Industriekonzerne und Wirtschaftsverbände, die hier ihre Verwaltungszentren haben, genannt wird.

An der Entwicklung dieser technisch bestimmten Landschaft ist der Rheinstrom aufs stärkste beteiligt gewesen. Er hat sein Werk getan, wenn er hinter Hamborn durch die weite, stille Niederung strömt. In diesem grünen Land liegen stattliche Gehöfte zwischen Wiesen und Äckern. Es sind nur noch wenige deutsche Städte, die der Strom berührt, bevor er bei Emmerich die Grenze zu den Niederlanden überschreitet. Da ist das alte Wesel, in dessen Nähe die Lippe in den Rhein mündet; da ist Xanten, die Siegfried-Stadt, die infolge einer Stromverlagerung nicht mehr am Rhein liegt; da ist das verträumte Rees, dessen mächtige Befestigungen von vergangenen kriegerischen Zeiten künden; und da liegt schließlich, ebenfalls abseits des Stroms und nur durch einen Kanal mit ihm verbunden, die Lohengrin-Stadt Kleve mit der sagenumwobenen Schwanenburg.

Nachdem wir uns die Herkunft des trotz aller wechselhaften Geschehnisse auf seinem Wege hauptsächlich deutschen Stroms angesehen haben, müssen wir auch noch einen Blick auf sein Ende werfen, auf seinen Weg zum Meer, den er auf niederländischem Gebiet zurücklegt. Schon auf seinem Wege zur Grenze hat er noch einmal seine Richtung gewechselt; in den Niederlanden fließt er in großem Bogen nach Westen, wobei er sich bald zu einem großräumigen Delta verzweigt. „Rhenus bicornis", den zweihornigen Rhein, nannten ihn die Römer, und sie meinten damit die schon bald nach dem Grenzübertritt erfolgende Teilung in einen nördlichen und einen südlichen Arm, von denen der südliche nacheinander Waal, Mervede, Noord-, Oude- und Nieuwe Maas heißt, während der Hauptstrang des sich mehrfach teilenden nördlichen Arms als Rijn und später als Lek in die Nieuwe Maas fließt, die seit einigen Jahrzehnten in dem Nieuwe Waterweg einen künstlichen Ausgang zur Nordsee bei Hoek van Holland besitzt, die Hauptverbindung des Welthafens Rotterdam mit dem Meer. Doch so einfach, wie es nach dieser Darstellung scheint, ist das Rheindelta nicht, es bildet vielmehr ein vielfältiges Netz von größeren und kleineren Gewässern, zwischen denen sich ein kompliziertes System von Deichen hinzieht, Kanäle stellen wichtige Verbindungen her, bewässern und entwässern, und Meeresarme kommen den Flußarmen entgegen und tragen den Puls von Ebbe und Flut weit in sein Wasserreich hinauf. Unmerklich fast, doch mit einmaliger Großartigkeit, wird so die Vermählung zwischen Meer und Strom vollzogen.

*

Unsere Bildfolge begleitet den Rhein natürlich nur auf derjenigen Strecke seines Verlaufes, die durch deutsches Gebiet führt, also vom Niederrhein bis zum Hochrhein. Dort, wo er den Bodensee bildet, wird er uns später noch einmal beschäftigen – in dem Abschnitt, der dem Alpenvorland und den deutschen Alpen gewidmet ist. Daß wir dem Strom mit unseren Bildern flußaufwärts folgen, ergibt sich aus dem Aufbau des Bildbandes. Nach unserer ausführlicheren Darstellung des Weges, den der Rhein von seinen Quellen bis zur Einmündung in die Nordsee nimmt, können wir uns im folgenden mit knappen Fakten begnügen.

*

Stromaufwärts von Duisburg reißt die Besiedlung der beiden Rheinufer kaum ab: Auf Düsseldorf (683 000 Einwohner), die elegante Hauptstadt des Landes Nordrhein-Westfalen, folgt die Chemiestadt Leverkusen, etwas weiter Köln mit seinem

Domwunder, mit 830 000 Einwohnern die viertgrößte Stadt Deutschlands und noch immer die Metropole des Westens. Nur wenig weiter, wo der Rhein aus dem Gebirge tritt, gegenüber den Vulkanpyramiden des Siebengebirges, erreichen wir die Universitätsstadt Bonn (282 000 Einwohner), die nach der Begründung der Bundesrepublik zur Bundeshauptstadt erkoren wurde.

Östlich des Rheins erheben sich die Plateaus des Bergischen Landes, auf denen seit alters die Herstellung von Kleineisenwaren heimisch ist, wie in Solingen (177 000 Einwohner) und Remscheid (136 000 Einwohner), während sich im engen Tal der Wupper Elberfeld und Barmen, seit 1929 zu der heute 411 000 Einwohner zählenden Stadtgemeinde Wuppertal vereinigt, zu traditionsreichen und eigenwilligen Textilindustriestädten entwickelt haben. Mit Hagen (199 000 Einwohner) kommen wir wieder nach Westfalen. Das Sauerland, ein meist bewaldetes Gebirgsland, das im Rothaargebirge bis 841 m ansteigt, ist mit seinen zahlreichen Stauseen heute vor allem Erholungsgebiet für die vielen Millionen Stadtbewohner an Rhein und Ruhr. Westlich des Rheins setzt sich das gleiche Schiefergebirge in der Eifel fort, die jedoch durch mannigfaltige vulkanische Erscheinungen, wie die Maare, ausgezeichnet ist. An ihrem Nordsaum, der Grenze von germanischem und romanischem Volkstum, liegt Aachen (242 000 Einwohner), die Stadt Karls des Großen, schon zu Zeiten der Römer als Badeort besucht.

An das der Einwohnerzahl nach größte Bundesland Nordrhein-Westfalen mit 17 164 000 Bewohnern auf 34 054 qkm schließt sich nach Süden das kleine Land Rheinland-Pfalz an, mit 3 685 000 Einwohnern und 19 838 qkm. Es ist, im Gegensatz zu den vier Nachbarländern, in geringerem Maße industrialisiert. Auf den guten Tertiärböden im regenarmen Rheinhessen wie auch auf den Lößböden der warmen Pfalz werden Gerste, Tabak, Zuckerrüben, Wein, Obst und Gemüse angebaut, während in den niederschlagsreichen Schiefergebirgen der Eifel, des Hunsrücks und des Westerwaldes der Anbau von Hafer, Roggen und Kartoffeln überwiegt.

Die jetzt zum Großschiffahrtsweg ausgebaute Mosel ist mit ihren zahlreichen Windungen tief in das Gebirge eingesenkt. Sie durchfließt ein weltbekanntes Weinland und zieht mit ihren vielen kleinen gemütlichen Orten zahlreiche Besucher an. Die Moselhauptstadt Trier (102 000 Einwohner) hat nie wieder den Glanz jener Jahrhunderte erreicht, in denen sie als Augusta Treverorum römischen Kaisern als Residenz diente. An der Einmündung der Mosel in den Rhein liegt Koblenz (120 000 Einwohner), mit dem Ehrenbreitstein einstmals Festung gegen Frankreich. Hier mündet auch die Lahn. Das enge Tal des Rheins von Koblenz bis Bingen ist mit den Burgen und Burgruinen, den enggebauten Städten und dem vielgepriesenen Rheinwein eines der meistbesuchten Erholungsgebiete.

Das Rhein-Main-Dreieck, wie man das Umland von Frankfurt nennt, ist wieder sehr stark industrialisiert, Chemie und Fahrzeugbau stehen im Vordergrund. Von hier führt die fruchtbare Wetterau-Senke nach Norden ins mittlere Lahngebiet, zu den Universitätsstädten Gießen und Marburg, das Kinzigtal aber nach Mitteldeutschland. Über Darmstadt (140 000 Einwohner), die einstige großherzogliche Residenz, weist die klimatisch begünstigte Landschaft der Bergstraße nach dem Süden. Der Odenwald, im vorderen Teil aus Granit, im hinteren aus Buntsandstein aufgebaut, gehört bereits zu den die Oberrheinebene begrenzenden Gebirgen. In der Mitte dieser Ebene fließt der Rhein mit geringerem Gefälle dahin, von Auenwäldern und ehemaligen Flußschlingen, den „Altrheinen", begleitet. Alte Römer- und Bischofsstädte halten das linke Ufer besetzt, allen voran Mainz (184 000 Einwohner), einst der in Deutschland im Range an erster Stelle stehende Erzbischofssitz, weiter Worms und Speyer mit ihren romanischen Domen. An der Neckarmündung sind aber durch planmäßige Gründung junge Industrie- und Handelsstädte entstanden: Mannheim (325 000 Einwohner) und Ludwigshafen (180 000 Einwohner), die an Größe die alten Rheinstädte in diesem Gebiet überflügelt haben.

Wie im Osten, so fällt auch im Westen der Rheinebene das Gebirge mit scharfen Bruchlinien ab. Das Buntsandsteingebirge des Pfälzer Waldes ist hingegen weithin bewaldet; doch weist es auch vereinzelt wichtige Industriestädte auf, wie Kaiserslautern und Pirmasens. Über das offenere Land des Westrich gelangt man zur Saar. Hier hat die Steinkohle ein zusammenhängendes Industriegebiet entstehen lassen; die einstige Fürstenresidenz Saarbrücken (209 000 Einwohner) ist ein Zentrum, gleichzeitig Hauptstadt des kleinen Bundeslandes Saarland, mit 2567 qkm und 1 121 000 Einwohnern. Das Saargebiet, mehrmals im Laufe der Geschichte zum Machtbereich Frankreichs gehörend, kann nach seiner Rückkehr zum deutschen Staat als ein Pfand der deutsch-französischen Freundschaft gelten.

Der 30 bis 40 km breite Grabenbruch der Oberrheinischen Tiefebene, den der Rhein durch seine mitgeführten Schottermassen zu einer gleichförmigen Ebene aufgefüllt hat, wird hüben wie drüben, im Elsaß wie in Baden, durch Gebirge aus alten Gesteinsmassen, aus Granit und Gneis, begrenzt: durch die Vogesen und den Schwarzwald. An den Außenseiten der beiden Gebirgszüge ist jedoch die Überdeckung durch jüngere Sedimentgesteine, durch Buntsandstein und Muschelkalk, erhalten geblieben. So zeigt der Schwarzwald im Nordosten langgestreckte, Sargdeckeln ähnliche Bergformen in Buntsandstein, der Südwesten hingegen, mit dem 1493 m hohen Feldberg, abgerundete Kuppen, wie sie in kristallinem Gestein üblich sind. Das dunkle Waldkleid der Tannen hat dem Schwarzwald den Namen gegeben, die höchsten Berggipfel ragen jedoch schon über die Waldgrenze hinaus. Die Täler sind reich an Gewerben – Schwarzwälder Uhren und Pforzheimer Gold- und Schmuckwaren sind weltbekannt –, während an den Hängen und auf den Höhen die zerstreut liegenden charakteristischen Schwarzwaldhäuser zeigen, daß hier auch Landwirtschaft betrieben wird. Größere Städte liegen nur am Rande des Gebirges: im Norden die ehemalige badische Residenzstadt Karlsruhe (269 000 Einwohner), im Süden Freiburg (175 000 Einwohner) im gesegneten Breisgau, das „Tor zum Schwarzwald" genannt. In den Bergen gibt es aber bekannte Kurbäder, wie Baden-Baden und Badenweiler.

Die Grenze gegen die Schweiz bildet streckenweise der rasch fließende Hochrhein, dessen Wasserkräfte neuerdings zur Gewinnung von elektrischer Energie genutzt werden.

Die Mittelgebirgsschwelle
(Seite 201-224)

In dem Dreistufenland des mitteleuropäischen Raumes bildet das deutsche Mittelgebirge die zweite und vielleicht eindrucksvollste Stufe. Der breite Gürtel von Waldgebirgen, der sich von der Eifel bis zu den Sudeten quer durch ganz Deutschland zieht, ist die eigentliche Mitte zwischen Nord und Süd. Nicht der Main, der oft zitierte „Weißwurstäquator", sondern diese grüne Schwelle ist die Scheidelinie gegen Süddeutschland. Ihre dunklen Wälder rauschen durch Geschichte und Sage, sie haben den deutschen Märchen den Stimmungsgehalt gegeben, und viele unserer Volkslieder singen vom Zauber und der Schönheit des deutschen Waldes, der in der ganzen Welt nicht seinesgleichen findet. Auf den Höhen des deutschen Mittelgebirges ist er uns in seiner ganzen Ursprünglichkeit und Lieblichkeit erhalten geblieben, während der immer weiter vordringende Bauer ihn in den Tälern und an den Berghängen rodete. Ins eigentliche Waldinnere drangen nur wenige Menschen, in erster Linie Holzfäller und Köhler. Andere Gebiete wurden von Bergleuten erschlossen, und die Eisenerze im Westerwald und in Thüringen, die Silberschätze des Harzes und des Erzgebirges brachten eine dichte Besiedlung auch der unwirtlichen Höhen und entlegenen Gebirgsteile mit sich. Aber auch die reichsten Bodenschätze gehen einmal zu Ende. Bereits seit dem 15. Jahrhundert ist ein spürbarer Niedergang der ehemals blühenden Bergbaugebiete zu verzeichnen. Doch ihre Bewohner erwiesen sich als wandlungsfähig. Auf der Grundlage der Heimarbeit entstand eine weitverzweigte gewerbliche und industrielle Gütererzeugung: Kleineisenwaren im Bergischen Land, Klöppelspitzen, Papier, Maschinen, Webwaren, Musikinstrumente im Erzgebirge, Glaswaren, Weihnachtsschmuck und Spielzeug im Franken- und Thüringer Wald.

Eine weitere Erwerbsquelle erschloß sich ihnen durch die Entdeckung der landschaftlichen Schönheiten der Mittelgebirge. Die von Industrie und Verkehr weniger berührten Waldberge und -täler in Taunus, Rhön, Thüringer Wald, Harz, Erzgebirge und Elbsandsteingebirge wurden zu begehrten Reisezielen. Darüber hinaus hat der Reichtum an Heilquellen zahlreiche Kurorte entstehen lassen.

Das geologische Bild der deutschen Mittelgebirge ist außerordentlich mannigfaltig. Im Aufbau der Schwelle sind drei Richtungen vorherrschend: die des Harzes, des Erzgebirges und der oberrheinischen Gebirge. Hier haben sich in der jüngeren Tertiärzeit gewaltige tektonische und vulkanische Vorgänge abgespielt. Das deutsche Bergland zeigt sich in zahllose Einzelschollen zerstückelt, die teils als Höhen, teils als Senken in Erscheinung treten. Zwischen den Schollen drangen an vielen Stellen vulkanische Lavamassen empor, besonders am Rhein und in Hessen, wo Basaltkuppen und -kegel das Panorama beleben.

Die schönsten Landschaftsbilder aber zeigen die Mittelgebirge in den Tälern und an den Rändern ihrer Hochflächen gegen die Ebenen hin, und die anmutigen Flußtäler, allen voran der sagenumwobene, lieder- und weinselige Rhein, ferner die sich zur Weser vereinigenden Werra und Fulda und schließlich die von romantischen Burgen und malerischen Städtchen und Dörfern gesäumten Zuflüsse des Rheinstromes und die Saale dürfen als Idealbilder der deutschen Landschaft gelten.

*

Um den Verlauf der sich von Westen nach Osten durch ganz Deutschland ziehenden Mittelgebirgsstufe zu erkennen, muß man den Atlas zur Hand nehmen. Wir sehen dann, daß es sich um einen gewaltigen Bogen handelt, der sich zwischen dem norddeutschen Tiefland und dem Main hinzieht, sich gleichsam im Fichtelgebirge teilt und dann mit zwei großen Strängen, dem nach Osten verlaufenden Erzgebirge mit dem anschließenden Elbsandsteingebirge und dem in südlicher Richtung abzweigenden Oberpfälzer Wald und dem diesen fortsetzenden Böhmerwald mit dem vorgelagerten Bayerischen Wald, die eine natürliche Grenze zur Tschechoslowakei bilden, weiterläuft. Die Mittelgebirgsschwelle beginnt bereits links des Rheins mit der Eifel und dem südlich davon liegenden Hunsrück. Das Rheinische Schiefergebirge stellt dann die Verbindung zu dem vielfältig aufgegliederten Bergland rechts des Rheins her, in dem es selbst dem Geographen manchmal schwerfällt, klare Grenzen zwischen den einzelnen Gebirgen zu ziehen; hier muß der Geologe helfen. Aber Namen haben sie alle, die Bergländer zwischen dem Rheingau und Westfalen. Im Süden legt sich vor das Rhein-Main-Dreieck der Taunus, ein etwa 70 km langer Höhenrücken zwischen Rhein, Main, Lahn und der Wetterau, der seinen höchsten Punkt mit 881 m im Großen Feldberg erreicht. Am Südfuß des Taunus dehnt sich der Rheingau, eine der gesegnetsten Landschaften in ganz Deutschland, in der edle Weine, aber auch vortreffliches Obst, Mandeln und sogar Edelkastanien wachsen. Der Taunus ist auch das an Mineralquellen reichste Gebiet in der Bundesrepublik, so daß hier weltbekannte Heilbäder wie Wiesbaden, Schwalbach, Soden, Schlangenbad, Homburg und Nauheim entstehen konnten. Die Hauptstadt des Bundeslandes Hessen, das mit 21 112 qkm und 5 513 000 Einwohnern in der Reihe der Bundesländer an fünfter Stelle rangiert, ist Wiesbaden mit 254 000 Einwohnern. Die wirtschaftliche Metropole des Landes ist jedoch Frankfurt mit 671 000 Einwohnern.

Dem Taunus schließt sich nach Nordwesten jenseits der Lahn der Westerwald an, der in der gleichen Richtung ins Bergische Land, nach Norden und Nordosten ins schön bewaldete Sauerland und nach Osten ins Siegerland und ins Rothaargebirge übergeht.

Ebenso verwirrend und schwer zu untergliedern ist das Hessische Bergland, das sich nach Osten an diese westliche Gebirgsvielfalt anschließt. Es besteht aus dem Vogelsberg, einer sich östlich des Taunus und der Wetterau-Ebene erhebenden Vulkanruine, und der nach Osten folgenden Rhön, in die sich Hessen, Bayern und Thüringen teilen. Am Fuße der Rhön liegt die alte Bischofsstadt Fulda, deren Geschichte bis auf den Apostel Bonifatius zurückzuführen ist. Die Rhön erreicht in der allen Segelfliegern bekannten Wasserkuppe eine Höhe von 950 m. Das Gebirge ist aus Buntsandstein aufgebaut, am Ostrand aus Muschelkalk; vereinzelt ragen Trümmer von Vulkanen auf, und weite Flächen sind von Lavadecken überzogen. In der Rhön entspringt die Fulda, die sich bei Hannoversch Münden mit der Werra zum Weserfluß vereinigt. Vorher aber breitet sich an ihren Ufern die ehemals kurfürstlich hessische Residenz Kassel (213 000 Einwohner) aus. Von hier ist es nicht mehr weit ins Waldecker Land, wo der Edersee liegt, eine der größten Talsperren Deutschlands.

Was uns in der weiteren Umgebung von Kassel an Bergformationen umgibt, ist gleichsam ein Puzzlespiel von Kleingebirgen. Nördlich der fruchtbaren Talebene der Schwalm erhebt sich das kleine Knüllgebirge, das jedem Autofahrer bekannt ist, weil die Nord-Süd-Autobahn-Strecke mitten durch den Knüll hindurchläuft und sich neuerdings dort auch teilt, mit einer Abzweigung in Richtung Würzburg. Säulingswald, Kellerwald, Hoher Meißner, Kaufunger Wald und Habichtswald sind einige weitere Berginseln, ehe der Reinhardswald auf dem Westufer der jungen Weser den nördlichen Abschluß des Hessischen Berglandes bildet.

Geologisch gesehen gehört der Reinhardswald bereits zu dem nicht minder wechselvollen und vielgestaltigen, aber im Grunde genommen klar gegliederten Weserbergland, dessen links und rechts der Weser liegende Bergländer man als nördliche Ausläufer der Mittelgebirgsschwelle ansehen kann. Auf dem linken Weserufer ist es das Eggegebirge zwischen Bad Driburg und Paderborn mit der Hausheide (441 m) als höchster Erhebung, dessen Fortsetzung der schmale Höhenzug des Teutoburger Waldes bildet: östlich der Weser sind es, von Süden nach Norden aufgezählt, der Bramwald, der Solling, der Vogler, der Hils und der Ith, der Süntel und der Deister, schließlich die Bückeberge und das Wesergebirge.

An anderer Stelle war schon gesagt worden, daß das Harzgebirge im Verlauf der Mittelgebirgsstufe eine Sonderstellung einnimmt und wegen seiner isolierten Lage nicht unmittelbar zu dieser Schwelle hinzugerechnet werden kann. Dagegen schließen sich Thüringer Wald und Frankenwald an das Hessische Bergland unmittelbar nach Osten an. Über die besondere Lage des Fichtelgebirges als Gebirgsknoten haben wir schon gesprochen. Das an der Nordostecke Bayerns gelegene Bergland, das im Schneeberg (1053 m) und im Ochsenkopf (1024 m) seine größte Höhe erreicht, ist auch ein zentrales Quellgebiet für Flüsse, die gleichsam in alle Kompaßrichtungen laufen: für den Main oder vielmehr seine beiden Quellflüsse, den Roten und Weißen Main, für die Saale, die Eger und die Naab. Der Freistaat Bayern greift hier in das obere Gebiet der zur Elbe fließenden Saale über, wo, mit Hof als Zentrum, der gleiche industrielle Charakter wie im sächsischen Vogtland vorherrscht; es schließt aber auch das Land

der oberen Eger ein, das „Porzellanländchen" von Selb und Marktredwitz. Das Fichtelgebirge besteht im wesentlichen aus drei Bergzügen: dem Waldsteingebirge, dem Zentralmassiv mit den genannten höchsten Erhebungen und dem Höhenzug der Kösseine und des Steinwaldes.

Das sich nach Osten anschließende Erzgebirge liegt ganz auf dem Gebiet der DDR, soweit diese es nicht mit der Tschechoslowakei teilen muß, denn die Landesgrenze verläuft größtenteils auf dem Gebirgskamm. Auf deutscher Seite erreicht es im Fichtelgebirge mit 1214 m, auf tschechoslowakischer Seite im Keilberg mit 1244 m seine größten Höhen. Am Elbdurchbruch geht das Erzgebirge ins Elbsandsteingebirge über, das durch seine eigenartigen Felsformen und die inselartig herausragenden Tafelberge wie den Königstein, den Lilienstein und den Pfaffenstein auffällt. Die sich von hier in südöstlicher Richtung anschließenden Kämme des Isergebirges, des Riesengebirges und der Schneekoppe, der mit 1603 m höchsten Erhebung im ganzen Verlauf des deutschen Mittelgebirges, und den Gebirgsketten des Glatzer Berglandes liegen seit dem letzten Weltkrieg nicht mehr auf deutschem Boden.

Der sich vom Fichtelgebirge nach Südosten hinziehende Gebirgskamm des Oberpfälzer Waldes mit dem anschließenden Böhmerwald ist ebenfalls ein Grenzgebirge zur Tschechoslowakei hin, soweit das den sogenannten Hinteren Wald betrifft. Dieser besitzt in dem Großen Arber mit 1457 m die höchste Erhebung dieses Gebirgszuges. Der Hintere Wald ist durch eine breite Längssenke vom Vorderen Wald abgetrennt, der als ganz auf deutscher Seite liegender Bayerischer Wald bekannt ist. Zwischen dem Vorderen und dem Hinteren Wald verläuft der Pfahl, ein aus dem Urgestein herausgewitterter Quarzstollen, der über hundert Kilometer weit verfolgt werden kann und dessen besonderes Kennzeichen eine schmale riffartige Felsmauer ist. Dieses Waldgebirge ist eine einsame Welt, trotz seiner landschaftlichen Schönheiten vom Fremdenverkehr erst teilweise erschlossen. Der Wald bestimmt den Landschaftscharakter und das Leben der Bewohner, denn diese leben von ihm: Holzfällerei, Sägewerke, Kisten- und Möbelfabriken, Papier- und Zellstoffwerke beschäftigen die Männer, Pilz- und Beerensammeln die Frauen und Kinder. Aber auch die Glasmalerei wird immer mehr heimisch und hat bereits internationalen Ruf.

*

Die ganze deutsche Mittelgebirgsschwelle ist reich an Bädern und einladenden Luftkurorten. Wer gern wandert, findet in allen Bergländern unerschöpfliche Möglichkeiten. Wir haben nicht das ganze Gebiet zwischen der Eifel und dem Bayerischen Wald in unseren Bildern zusammengefaßt wiedergeben können, weil manche dieser Gebirgslandschaften untrennbar in einen der Abschnitte gehören, die unseren Band gliedern, zum Beispiel das Bergische Land, der Teutoburger Wald, das Weserbergland oder der Thüringer Wald. Wir haben aber an dieser Stelle die Mittelgebirgsstufe zusammenhängend dargestellt, um dem Leser einen Begriff von der Vielgestaltigkeit dieses Gebirgsgürtels zwischen Nord und Süd zu vermitteln, von dem viele sagen, er sei das Schönste in dem ganzen Kaleidoskop der deutschen Landschaftsszenerien.

Zwischen Main und Donau

(Seite 225-252)

Wenn man aus dem dunklen Gebirgswald der deutschen Mittelgebirge südwärts herausschreitet, betritt man ein an Schönheit und Fruchtbarkeit gleichermaßen gesegnetes Land – mit seinen vielen schöngelegenen, an baulichen Kostbarkeiten reichen Städten, von Mauern und Türmen umgürteten mittelalterlichen Städtchen, barocken Kirchenbauten und Schlössern, im wahrsten Sinne des Wortes: Deutschlands Schatzkästlein. Eine Fülle von Landschaftsformen breitet sich vor dem entzückten Auge aus: heitere, offene, weite Talungen, vielfach gewundene Flußtäler, flache Becken, die in der Ferne von waldigen Rücken oder Steilabbrüchen begrenzt werden. In Franken sind die Hochflächen besonders breit gelagert, und auf ihnen finden wir viele von Wohlhabenheit zeugende Bauerndörfer. Im Schwabenland beiderseits des Neckars drängen sich die Stufenränder enger zusammen; wir sind dort im hügeligen, reich angebauten und dicht besiedelten Unterland.

Weiter südlich erleben wir eine völlige Verwandlung des Landschaftsbildes. Es wird bis zur Donau von der Schwäbischen Alb beherrscht, einem rund 200 km langen und etwa 700 m hohen Gebirgszug, der durch den schroffen Gegensatz von fruchtbaren Tälern und karger, wasserarmer Hochfläche sein besonderes Gepräge erhält. In diesem Juragebirge mit den fast waldlosen welligen Plateaus und schluchtartig engen Tälern ist im bäuerlichen Erbgang die Realteilung üblich gewesen. Dadurch wurden viele landwirtschaftliche Betriebe so klein, daß sie ihre Besitzer nicht mehr ernähren konnten, die daher in der Industrie eine zusätzliche Einnahmequelle suchen mußten. Entweder waren sie gezwungen, als Arbeiter-Bauern täglich in die Städte am Albrand zur Arbeit zu pendeln, oder es mußten umgekehrt die Fabriken in ihre Dörfer auf der Hoch-

fläche oder in den Tälern wandern. So haben selbst abgelegene Siedlungen ihre eigenen industriellen Betriebe. Wo die Alb mit der Weißjurastufe steil zu dem 400 m tiefer gelegenen Vorland abfällt, haben sich an den Talausgängen gewerbereiche Städte entwickelt, wie Reutlingen, Göppingen und Schwäbisch Gmünd.

In diesem Vorland fließt der Neckar anfangs nach Nordosten in der gleichen Richtung, wie das Juragebirge verläuft – hier liegt die Universitätsstadt Tübingen –, biegt dann aber oberhalb von Eßlingen nach Nordwesten ab. In einem kleinen seitlichen Talkessel, umgeben von steilen Keuperhöhen, ist im Anschluß an einen gräflich-württembergischen Stutengarten die schwäbische Hauptstadt Stuttgart entstanden, die heute 584 000 Einwohner zählt. Sie ist die rührige Hauptstadt des Bundeslandes Baden-Württemberg, das mit 35 750 qkm und 9 112 000 Einwohnern sowohl nach Fläche wie nach Bevölkerungszahl unter den Ländern der Bundesrepublik an dritter Stelle steht. Unterhalb von Stuttgart tritt der Neckar in die Muschelkalklandschaft ein, die im Gegensatz zu den meist bewaldeten Keuperbergen im Osten einer intensiven Landwirtschaft dient. Die größte Stadt ist hier Heilbronn. Zuletzt fließt der Neckar in engem, steilwandigem Tal im Buntsandstein-Odenwald dahin, eine romantische Strecke, die in Heidelberg (121 000 Einwohner) mit seiner malerischen Schloßruine ihren Glanzpunkt erreicht.

Die Grenzlandschaft zwischen Schwaben und Franken, die durch Kocher und Jagst zum Neckar, durch die Tauber zum Main und durch die Wörnitz zur Donau entwässert wird, ist vorzugsweise Bauernland und besitzt keine großen Städte. Ihre besonderen Merkmale sind stattliche Schlösser und malerische Orte, die sich ihren mittelalterlichen Charakter mit Mauern, Türmen und Toren bewahrt haben, allen voran die Städte an der „Romantischen Straße" wie Rothenburg ob der Tauber, Dinkelsbühl und Nördlingen.

Die Schwäbische Alb setzt sich nach Nordosten und später nach Norden in der Fränkischen Alb fort, die in ihrem nördlichsten Teil, und zwar in dem Dreieck Nürnberg – Bamberg – Bayreuth, „Fränkische Schweiz" heißt, weil die an und für sich flachwellige Hochfläche von Flüssen tief eingefurcht ist, wobei steilwandige Täler mit seltsamen Felsformen entstanden sind – eine wahrhaft romantische Landschaft. Eine Besonderheit des ganzen Jurazuges sind die Tropfsteinhöhlen, von denen es namentlich in der Fränkischen Schweiz unübersehbar viele gibt. Über tausend große, kleine und kleinste Höhlen hat man bis jetzt registriert, aber alljährlich werden neue entdeckt. Die größten sind inzwischen erschlossen und konnten der Öffentlichkeit zugänglich gemacht werden. Die bekanntesten und schönsten sind die Teufelshöhle bei Pottenstein, die Maximiliansgrotte bei Krottensee, in der man 1200 m unter der Erde gehen kann, der Fellner Schacht mit einer Tiefe von 119 m und das ausgedehnte System der Wunders-, Witzen- und Oswaldhöhle im Hohlen Berg bei Muggendorf, von denen angenommen wird, daß sie Flucht- und Kultstätten heidnischer Frühbewohner des Landes waren. Daß die Höhlen, soweit sie leicht zugänglich sind, in vor- und frühgeschichtlicher Zeit nicht nur den Menschen, sondern auch den Tieren als Wohnplätze gedient haben, beweisen die vielen Skelettfunde; vor allem Höhlenbären, Wölfe, Hyänen, Ur und Ren haben in ihnen gehaust.

Im Gegensatz zur Schwäbischen ist die Fränkische Alb nur in geringem Maße industrialisiert und daher schwächer bevölkert. Schon im Bereich der dürftigen Keupersandböden, die zumeist Fichten- und Kiefernwälder tragen, liegt in der Rednitzfurche die ehemalige machtvolle Freie Reichsstadt Nürnberg, die Stadt Albrecht Dürers. Neben der alten Lebkuchen-, Bleistift- und Spielwarenindustrie besitzt die 514000 Einwohner zählende Stadt heute auch große Unternehmen der Elektrotechnik, des Maschinenbaues und der Metallverarbeitung. Rechnet man die benachbarten Industriestädte Fürth und Erlangen hinzu, dann kommt dieses nordbayerische Ballungsgebiet auf dreiviertel Millionen Einwohner.

Die Fränkische Alb scheidet die Einzugsgebiete von Main und Donau voneinander. Der Main beherrscht mit seinen Nebenflüssen den dem fränkischen Stammestum angehörenden nördlichen Teil Bayerns. Er ist, nach der Mosel, mit 527 km Länge der größte Zufluß des Rheins. Man hat ihm gelegentlich die Bedeutung einer politischen Grenzziehung gegeben, weil er Westdeutschland ziemlich genau halbiert. Wer aber meint, daß dieser Fluß den Norden vom Süden trennt, dem ist das Wesen des Frankentums fremd geblieben, in dem die deutschen Wesenszüge eine einzigartige Verbindung eingegangen sind. Nord und Süd haben sich hier sowohl in der Landschaft wie in den Menschen zu einer glücklichen Synthese zusammengefunden, und die Lande links und rechts des Mains, die Berge und Wälder, die Städte, Städtchen und Dörfer prägen gleichsam die deutsche Ideallandschaft. Eine Reise von den Mainquellen bis zur Mündung in den Rhein gehört zu den schönsten Erlebnissen, die uns in deutschen Landen geboten werden können. Wir sprachen von den Mainquellen: Der Main hat nämlich zwei Quellflüsse, den Weißen und den Roten Main. Der Weiße Main entspringt im Fichtelgebirge, am östlichen Abhang des Ochsenkopfes, 804 m über dem Meeresspiegel, während der Rote Main in einer Höhe von 480 m am Ostrand des Fränkischen Juras an die Oberfläche tritt. Der Weiße Main

erreicht in Kulmbach, berühmt durch das mächtige Renaissanceschloß Plassenburg, bis 1604 Sitz der Markgrafen von Brandenburg-Kulmbach, und nicht minder berühmt als Biermetropole, die erste größere Stadt an seinen Ufern. Auch der Rote Main hat ein Stadterlebnis: er berührt Bayreuth, die ehemalige Residenz der Markgrafen von Brandenburg-Kulmbach. „Weltstadt auf Zeit" wurde diese Stadt einmal genannt, weil sie durch die hier regelmäßig stattfindenden Richard-Wagner-Festspiele große Scharen von Musikfreunden in ihre Mauern lockt. Bald hinter Kulmbach vereinigen sich die beiden Quellflüsse zum eigentlichen Main, der nun eine Landschaft durchströmt, in der die Eindrücke ständig wechseln. Groß ist schon die Zahl der Städte und Städtchen, in denen es unendlich viel zu sehen gibt. Wir können hier nur einige der größeren erwähnen. Da ist Bamberg, die alte Kaiser- und Bischofsstadt, deren ältester Teil von dem viertürmigen Dom und der St. Michaeliskirche beherrscht wird. Der Dom, 1237 geweiht, ist eines der hervorragendsten Beispiele spätromanischer Architektur. Durch eine magere und flachere Keuperlandschaft fließt dann der Main an der Industriestadt Schweinfurt vorüber zu einem anderen Höhepunkt dieser Reise: nach Würzburg, das mit seiner fürstbischöflichen Residenz, der hoch über der Stadt liegenden Festung Marienberg, mit ihren heimeligen Gassen und Plätzen, namentlich aber mit den sie umkränzenden Weinbergen ein unvergeßliches Erlebnis ist. Zahlreich sind auch die altertümlichen Städtchen mit ihren mittelalterlichen Mauern und Toren: Marktbreit, Ochsenfurt, Sulzfeld, Frickenhausen und wie sie alle heißen. Fast hat man den Eindruck einer ständigen großartigen Steigerung, je weiter man nach Westen kommt, denn da wachsen allmählich die Höhen des dunklen Spessarts heran, und von Süden her bedrängen die Hügelwellen des Odenwaldes den Fluß, so daß die uralten Weinorte Wertheim, Freudenberg und Miltenberg sich nur mühsam ihren Platz im engen Tal schaffen konnten. Häufiger als am Oberlauf des Mains sind hier die Bergvorsprünge mit den Trümmern von Burgen bedeckt, deren Geschichte zum Teil über die Ritterzeit hinaus bis zu den Römern zurückreicht. Am Ziel einer solchen Mainreise liegt dann Aschaffenburg, die einstige Sommerresidenz der Mainzer Erzbischöfe, mit dem das ganze weite Tal beherrschenden Renaissancebau des Schlosses Johannisburg. Hier ist das fränkische Bergland zu Ende, von hier ab strebt der Main, immer dichter gesäumt von Industriewerken, durch eine breite Ebene an Hanau, Offenbach und Frankfurt vorbei dem Rheinstrom entgegen.

Die südliche Begrenzung des Teiles Deutschlands, der in diesem Abschnitt beschrieben und in Bildern wiedergegeben wird, ist die Donau. Sie ist ein wahrhaft internationaler Strom, von dem nur das Quellgebiet und der Oberlauf auf deutschem Boden liegen und der von Passau ab noch drei Länder – Österreich, Ungarn und Jugoslawien – durchfließt, ehe er auf seiner letzten Wegstrecke zum Grenzstrom zwischen Rumänien und Bulgarien, mit seinem nordöstlichsten Deltaarm sogar zwischen Rumänien und der Sowjetunion wird, ehe er seine Wassermassen ins Schwarze Meer ergießt. Im Gegensatz zu den übrigen europäischen Strömen, die im großen und ganzen in Süd-Nord-Richtung fließen, nimmt die Donau ihren Weg von Westen nach Osten, nachdem sich ihre drei Quellgewässer im Becken von Donaueschingen vereinigt haben. Das wird ihr nicht leicht gemacht, denn schon bald muß sie sich 70 km lang durch den Riegel des Schwäbischen Juras hindurchsägen; die dabei entstandenen Durchbruchtäler zwischen Gutmadingen und Tuttlingen sowie zwischen Mühlheim und Sigmaringen sind von grandioser Schönheit. Das poröse Kalkgestein des Juras wird dabei dem jungen Strom einmal beinahe zum Verhängnis, denn bei Immendingen versickert der größte Teil seines Wassers, und was von ihm bleibt, ist ein kümmerliches Rinnsal. Nach diesem Aderlaß hält sich die Donau eine ganze Weile aus kleinen Zuflüssen am Leben, bis sie durch zahlreiche starke Alpenflüsse – durch Iller, Roth, Günz, Mindel, Zusam, durch den wasserreichen Lech, durch Ilm, Gr. und Kl. Laaber, Isar, Vils und den mächtigen Inn – und eine ganze Anzahl von Flüssen aus der Mittelgebirgsschwelle im Norden – durch Blau, Wörnitz, Altmühl, Naab, Regen und Ilz, um nur die wichtigsten zu nennen – zum machtvollen Strom anwächst.

Nachdem der Juradurchbruch vollzogen ist, fließt die Donau bis zum Bayerischen Wald durch mehrere Talbecken mit breiten sumpfigen Talauen, die das Landschaftsbild prägen. Hier sind nicht nur zahlreiche kleinere Orte entstanden, sondern auch einige große Städte, die ihre Bedeutung der Lage an diesem nun schiffbar werdenden Strom verdanken. Ulm ist die erste dieser Städte. Die Ulmer trieben schon im frühen Mittelalter einträglichen Handel mit den Anrainerstaaten, insbesondere mit den Balkanländern. So kamen sie zu Wohlstand, der sich in dem großartigen gotischen Münster, in dem ehrwürdigen Rathaus und zahlreichen stattlichen Patrizierhäusern ausdrückt. Hinter Ulm tritt der Strom in die erste große Talerweiterung ein, die sich bis östlich von Donauwörth, einer ehemaligen Reichsstadt an der Einmündung der Wörnitz, hinzieht. Eine zweite Talerweiterung beginnt bei Ingolstadt, einer ehemaligen bayerischen Herzogsresidenz und heute rasch aufblühenden Industriestadt, die noch viele Zeugen aus glanzvoller Zeit besitzt. Vor der Einmündung der Altmühl schließt

sich das Tal noch einmal, und die Donau muß sich zum letzten Male durch Ausläufer des Juras hindurchkämpfen, was erneut zu landschaftlichen Höhepunkten führt. Dieser Abschnitt reicht bis kurz vor Regensburg. Hier, wo ihr Altmühl, Naab und Regen zuströmen, ist die Donau an ihrem nördlichsten Punkt angelangt. Hier hatten schon die Kelten eine Stadt, Radasbona, gegründet und später die Römer ein Legionslager, Castra Regina, das dann als Regensburg Mittelpunkt der Ausbreitung des bayerischen Volksstammes wurde. Das heutige Regensburg (133000 Einwohner) hat eine fast noch glanzvollere Geschichte als Ulm, denn die eigentliche Donauschiffahrt mit größeren Fahrzeugen nahm erst hier ihren Anfang, und darum blühten in der Freien Reichsstadt Handel und Wandel, und Regensburg besaß eine eigene stattliche Flotte, die den Warenaustausch mit dem Balkan und dem Orient unterhielt. Heute werden im Hafen von Regensburg nicht mehr Seide und Pelze, Silberwaren und Gewürze gelöscht, sondern vor allem landwirtschaftliche Erzeugnisse und rumänisches Erdöl. Ungleich größere Bedeutung wird die Donau für die Schiffahrt aber erst erhalten, wenn das im Entstehen begriffene Großprojekt des Rhein-Main-Donau-Kanals fertiggestellt ist, der bei Kelheim die Donau erreichen wird.

Festlicher Höhepunkt und Abschluß des Donauverlaufs auf deutschem Boden ist Passau, das sich eines der schönsten Stadtbilder in ganz Deutschland rühmen darf. Die sich an dem Zusammenfluß des wasserreichen Inns und der Ilz mit der Donau unbeschreiblich wirkungsvoll aufbauende Stadt bildet mit der Landschaft eine völlige Einheit. Der Strom, der hier inzwischen eine Breite von 211 m erreicht, könnte sich von seinem Ursprungsland nicht wirkungsvoller verabschieden.

Alpenvorland und deutsche Alpen

(Seite 253-279)

Das große Dreieck zwischen der Donau und dem Fuß der Alpen umfaßt in Niederbayern ein Hügelland aus Gesteinen der Tertiärzeit, in Oberbayern und Schwaben aber eine weite Fläche eiszeitlicher Schotter, über die sich nahe dem Gebirgsrand Moränenzüge älterer und jüngerer Vereisungen erheben. Im Bereiche der jüngeren Vereisung, den Alpen unmittelbar vorgelagert, finden sich große und kleine meist langgestreckte und tiefe Seen, so der Ammersee, der Starnberger See und der

Chiemsee. Sie sind von den Zungen der aus dem Hochgebirge kommenden Gletscher in der Eiszeit ausgekolkt worden. In den Alpen entspringen die Donaunebenflüsse Iller, Lech, Isar und Inn; sie durchfließen, im Westen genau in nördlicher Richtung, im Osten nach Osten umbiegend, das etwas einförmige Terrassen- und Hügelland. Auf einer solchen einst überwiegend bewaldeten Schotterfläche an der Isar ist München entstanden, seit dem 13. Jahrhundert Residenz der Bayernherzöge, heute Hauptstadt des Freistaates Bayern (70547 qkm und 10852000 Einwohner) und mit 1337000 Einwohnern die drittgrößte Stadt Deutschlands. Es ist nicht so sehr die Lage, die München hat groß werden lassen, als vor allem die Gunst der Fürsten, die den höfischen Prunk liebten und Kunst, Musik und Theater in hohem Maße förderten. So entwickelten sich hier, mit Künstlern und Schriftstellern aus aller Welt, aber auch dank dem urwüchsigen bayerischen Volkscharakter, ein Lebensstil und ein Stadtbild, die große Anziehungskraft besitzen.

Das trifft auf Augsburg nicht zu, obgleich es viel älter ist als die Landeshauptstadt und im Mittelalter eine große und reiche Handelsstadt war. Seine heutige Größe mit 256000 Einwohnern verdankt es vor allem seinen industriellen Unternehmungen. Auch Memmingen, Kempten und Kaufbeuren waren wie Augsburg Freie Reichsstädte. Sie haben ihren gewerblichen Charakter bis heute weiterentwickelt, aber Großstädte sind sie nicht geworden. Zu dem bayerischen Regierungsbezirk Schwaben gehört auch der Westen des deutschen Alpenvorlandes, das Allgäu. Es ist besonders reich an Niederschlägen, so daß auf den saftigen Weiden der Molasseböden in der Zone der Voralpen wie in den Tälern der Flyschalpen große Herden von Rindvieh gehalten werden können; die Molkerei- und Käsewirtschaft liefert ihre Produkte weit über die Grenzen Bayerns hinaus. Dank dem Reichtum an Schnee blüht hier der Wintersport; aber auch im Sommer sind alle Orte mit Urlaubern voll besetzt.

Im äußersten Südwesten ruht inmitten einer lieblichen Landschaft der mit 539 qkm größte aller deutschen Seen, der Bodensee. Zwischen Bregenz und Ludwigshafen mißt das „Schwäbische Meer" 63,5 km, und an seiner breitesten Stelle zwischen Langenargen und Rorschach sind die Ufer 14 km voneinander entfernt. Der See besteht deutlich erkennbar aus drei Teilen: aus dem Obersee zwischen Bregenz und Konstanz, der den weitaus größten Teil der Wasserfläche umfaßt, dem Überlinger See, der sich an den Obersee in nordwestlicher Richtung anschließt, und dem Untersee, der durch eine 4 km breite, von dem bei Konstanz für kürzere Zeit wieder selbständig werdenden Rhein durchschnittene Landbrücke vom Hauptbecken des Sees getrennt wird. Der Untersee wird noch einmal durch die Insel Reichenau unterteilt, und zwar in den nördlichen Zipfel des Gnadensees und in den Zeller See, der zwischen den Halbinseln Mettnau und Höri die Bucht von Radolfzell bildet. Wir sprachen vom Rhein, ohne den der Bodensee undenkbar wäre, denn wie schön in dem Abschnitt „Links und rechts des Rheins" geschildert wird, ist der See durch den Fluß entstanden, der nach der Eiszeit mit seinen Schmelzwässern ein riesiges, durch den Rheingletscher ausgehobeltes Becken ausfüllte. Die herrliche Voralpenlandschaft, ein ungewöhnlich mildes Klima und die Fruchtbarkeit der Niederungen haben wohl gemeinsam dazu beigetragen, daß das Gebiet des Bodensees schon früh zur Kulturlandschaft geworden ist. Man kann an seinen Ufern förmlich durch die Jahrtausende wandeln. Vielerorts ist man auf Reste von Pfahlbauten und Steinzeitsiedlungen gestoßen; vor allem aber haben alle großen Epochen deutscher Kulturgeschichte an den Gestaden des Sees bewunderungswürdige Zeugnisse hinterlassen: in den Kirchen auf der Reichenau wahre Juwelen der Romanik, in den Münstern von Konstanz und Überlingen Meisterwerke der Gotik, überall in den Städten ringsum Bürgerhäuser aus der Renaissancezeit, namentlich aber – dieser überschwenglichen Landschaft am meisten entsprechend – das barocke Schwelgen in Schönheit an und in den Kirchen, Klöstern und Schlössern am Seeufer und auf den nahen Bergen: auf dem Heiligenberg, in Salem, in der Klosterkirche Birnau und in Friedrichshafen. Unsere heutige Zeit ist durch die Lebenden vertreten: zahlreiche Maler, Bildhauer und Dichter haben die Orte an den Ufern des Sees zu ihrem Wohnsitz gewählt.

Wenn man eine Alpen-Gesamtkarte zur Hand nimmt, kann man leicht zu der Auffassung kommen, daß Deutschland bei der Verteilung des sich vom Mittelmeer bis zum Wiener Becken hinziehenden Alpenmassivs gegenüber den meisten anderen Anrainerstaaten sehr schlecht weggekommen ist. Was ist ihm schließlich geblieben? – ein schmaler Streifen der nördlichen Kalkalpen mit ihren Vorbergen und die Moränenlandschaft des Alpenvorlandes, die gelegentlich als der Schuttabladeplatz des Gebirges bezeichnet worden ist. Doch das Kartenbild täuscht. Der Anteil Deutschlands an dem gesamten Gebirgsmassiv ist zwar flächenmäßig tatsächlich gering, aber dafür haben die Alpen bei ihrer Auffaltung, haben auch die späteren Verwitterungskräfte in diesem Gebiet eine besonders abwechslungsreiche Landschaft geschaffen. Durch diese mannigfaltige, oft bedrohlich wirkende, oft aber auch liebliche Gebirgswelt führt uns die Deutsche Alpenstraße, die vom Bodensee bis nach Berchtesgaden, also auf der ganzen Länge vom Westen nach Osten durch den deutschen Teil der

Alpen verläuft. Mit ihrem Bau wurde 1933 begonnen, und wenn auch noch immer einzelne Teilstrecken nicht fertiggestellt sind, so vermittelt eine Fahrt auf der Alpenstraße doch einen überwältigenden Gesamteindruck von den Schönheiten der deutschen Alpen. Sie bringt uns an der Kette der Allgäuer Berge vorüber in den Gebirgskessel des weltbekannten Sommer- und Winterkurortes Oberstdorf, von wo es nach dem Luftkurort und Wintersportplatz Hindelang und über die nicht weniger als 107 Kurven zählende Jochstraße zu dem kleinen Bergdorf Oberjoch weitergeht. Dort ist die Streckenführung der Alpenstraße zunächst noch unterbrochen, so daß man gezwungen ist, über den Oberjoch-Paß durch ein Stück Tirol nach Füssen oder über Sonthofen zurück nach Nesselwang zu fahren, von wo man auf langer Strecke wieder die Alpenstraße benutzen kann.

Die Fülle der Eindrücke wird von nun an so groß, daß man sie nicht bewältigen kann. Füssen mit seinen Seen, die Königsschlösser Neuschwanstein und Hohenschwangau, die Kirchenwunder im sogenannten Pfaffenwinkel, der Passionsspielort Oberammergau, das Königsschloß Linderhof und die Benediktinerabtei Ettal mit ihrer großartigen Barockkirche – aber das alles sind nur Vorbereitungen auf die landschaftlichen Schönheiten des Werdenfelser Landes mit Garmisch-Partenkirchen als Mittelpunkt. Der Hauptstrom der Touristen bevorzugt diesen mittleren Abschnitt der Bayerischen Alpen, weil sich hier die deutsche Alpenwelt am erhabensten darbietet – mit dem Wettersteingebirge, das von der Zugspitze, mit 2963 m Deutschlands höchstem Gipfel, überragt wird, und der zerklüfteten Karwendelkette, an deren Fuß die malerische Geigenbauerstadt Mittenwald liegt. Zur Zugspitze führen eine Zahnradbahn und zwei Schwebebahnen hinauf, und auch die anderen Aussichtsberge rund um Garmisch-Partenkirchen sind durch Seilbahnen und Sessellifte für jedermann erschlossen. Sozusagen jeder Kilometer unserer Fahrt gen Osten bietet von jetzt an neue Schönheiten, die hier auch nur aufzuzählen den uns gesteckten Rahmen sprengen würde. Von hohen Bergen umgeben sind der ernste Walchen- und der freundliche Kochelsee, der liebliche Tegernsee, der kleine Schliersee und der als Stausee entstandene Sylvensteinsee im Isartal. Berühmte Aussichtsberge am Alpenrand sind der Herzogstand, die Benediktenwand und der Wendelstein, ein beliebtes Skigebiet ist das Sudelfeld bei Bayrischzell. Aber auch Kurbäder gibt es, wie Kohlgrub, Heilbrunn, Tölz und Wiessee, um nur einige zu nennen. Die Folklore zeigt sich allenthalben in Trachtenkapellen und Bauerntheatern. Bei solcher Mannigfaltigkeit der Natur und des gesellschaftlichen Lebens ist es gut zu verstehen, daß dieses Alpenland gern als dauernder Wohn-

sitz oder wenigstens für einen Ferienaufenthalt gewählt wird. Der Inn durchfließt der Länge nach ganz Tirol, bevor er bei Kiefersfelden deutschen Boden erreicht. Die eisgrüne Farbe seines Wassers behält er bei bis zu seiner Einmündung in die Donau. Seine starke Strömung wird von vielen Wasserkraftwerken genutzt, vor allem in Töging und Ering. Er ist aber auch der Weg gewesen, auf dem italienische Formen des Haus- und Städtebaues in Süddeutschland Eingang gefunden haben.

Jenseits des Inns gelangt man in den Chiemgau. Der große Chiemsee hat flache Ufer, die zum Teil moorig sind und Filze genannt werden. Zwei Inseln liegen im See: die kleine malerische Fraueninsel mit einem Kloster und die Herreninsel mit dem prunkvollen Schloß Herrenchiemsee, das wie Neuschwanstein und Linderhof König Ludwig II. erbauen ließ. Gegenüber am Ufer in Gstadt und Breitbrunn haben sich die Maler niedergelassen. Die Chiemgauer Berge bieten von der Kampenwand, dem Hochgern und dem Rauschberg, alle um 1700 m hoch, weite Aussichten über den Chiemsee und bis zu den Tauern. Reit im Winkl und Ruhpolding sind vielbesuchte Urlaubsorte.

Der äußerste Südosten Deutschlands ist, wie das anschließende Salzburger Land, ein Land des Salzes. Die Solquellen von Bad Reichenhall sind schon den Römern bekannt gewesen; sie werden in einer 56 km langen Leitung, die schon 1816/17 gebaut wurde, auch nach einer Saline in Rosenheim geleitet. Das eigentliche Berchtesgadener Land war einstmals Urwald und unbewohnt, bis hier im Jahre 1102 ein Stift gegründet wurde. Der helle Talkessel, in dem sich die Marktgemeinde Berchtesgaden ausbreitet, ist von massigen, aber meist nicht mehr als 2000 m hohen Kalkklötzen umstanden, wie dem Untersberg, dem Lattengebirge und der Reiteralpe, die mit schroffen Wänden aufsteigen, oben aber plateauartig abgeflacht sind. Sie bestehen aus wasserdurchlässigen Kalken und Dolomiten, die nur eine geringe Zertalung zulassen – eine Erscheinung, wie sie auch weiter im Osten auf österreichischem Gebiet, im Tennengebirge, im Dachstein und in der Raxalp, anzutreffen ist. Nach Süden schließt sich eine höhere Gebirgsscholle an, deren Gipfel scharfe Firste und durch Kare wild gegliederte Grate haben: Watzmann (2713 m), Hochkalter (2607 m) und Hoher Göll (2522 m). In diese gewaltige, hell leuchtende Bergwelt ist 2000 m tief der schmale Königssee mit seinem klaren blauen Wasser eingesenkt, gewiß eines der großartigsten Landschaftsbilder der gesamten Alpen.

Introduction

The constant changes of landscape that you suddenly meet with on a journey through Germany from north to south are due in the first place to the three great geological bands that run from the sea coast, through the lowlands, across the mountain threshold of the centre and right on up into the majestic heights of the Alps. But these major divisions are by no means the end of the story: in between there are an enormous number of variations and peculiarities to astonish and entertain the eye.

For instance, in the north German plains there is the contrast between fens and sandy downs, between marsh und heath, between lakes and lines of hills. Then for the traveller coming from the north there is the almost imperceptible change from the broad horizons of the lowlands to the rich crowding-in of the hills, beginning gradually with the Teutoburger Wald and Weserbergland and finally taking on the character of the first genuine mountains with the emergence of the Harz massif rising straight up to a height of 1142 metres.

From here on the images follow upon each other like the scenes from some giant epic film; heavily wooded hillsides give way to broad, fertile valleys or romantic river gorges. The Rhine, Weser and Elbe quarter up the land from west to east while the east-west valleys of the Main and the Danube break up the area of southern Germany into manageable sections. Within this framework of rivers the bewilderingly varied pattern of the central hills establishes itself, from the Eifel to the Sudeten region, from the Sauerland to the Black Forest, so that even an experienced geographer has difficulty in retaining an ordered mental picture of the individual appearance of each range. The amazing thing is that these regions do have their own particular characteristics and are not exactly similar to each other: Reinhardswald and Knüll, Hoher Meissner and Vogelsberg, Hunsrück and Taunus, Eifel and Rhön, Odenwald and Spessart – not to mention the more extensive mountain groups of the Erzgebirge and the Bohemian and Bavarian Forest, the Swabian and Franconian Alb, and finally the Black Forest.

And after all this comes the overwhelming transition from the gentle foothills of the Alps, with their wild, fastflowing rivers and wonderful lakes, to the majestic peaks of the Alps themselves. This constitutes the climax of a journey more rich in its impressions than any you could make in virtually any other country in Europe.

Alongside the North Sea and the Baltic

(Page 57-88)

To a thoughtful observer the landscape of the north German coast owes its particular impression of spaciousness to the tremendous unity of land and sea – the harmony of these two great melodies: the eternal music of creation which washes over the low islands and shallow seas, and over the dykes and marshes ... But the image of apparently unshakeable harmony is deceptive. In reality land and sea are in perpetual conflict with each other. The waves nibble away ceaselessly at the shore, and all the resources of human ingenuity are not enough to prevent an aggregate annual loss of land. Compared with the main body of the Atlantic, the North Sea itself is very recent. At the end of the last ice age, roughly twenty thousand years ago, the sea coast lay much further to the north, way out beyond the Dogger Bank. A rocky morainic landscape resulting from extensive glaciation extended outward as far as present-day England, with peat bogs and oak and pine forests, split by the broad channel of the lower Elbe. But gradually the sea advanced: the sandy rim of East Friesland, the cliffs north of Bremen and the Inner Dithmarschen, and the sand-dunes of Elmshorn and to the north of Niebüll are irrefutable evidence of the old coastline. But the sea gives as well as takes. Since the water level stopped rising and the land ceased to sink, new land has also been emerging in places out of the shallows. This is a process caused by the breathing rhythm of the sea: at every high tide a tiny layer of silt is deposited in quiet bays, and in this way the sea bed gradually builds itself up until eventually it peeps out of the waves as a sandbank at low tide.

The unceasing movement of air and water is what typifies the North Sea above all. Wind and sea have sculpted the landscape and left their mark on the faces of the men who live here, pitting their strength against the natural forces in their role of fishermen, sailors and farmers. Storms in the North Sea are notoriously dangerous and take their toll year after year of both ships and men, while for those who stay on land the only way of protecting themselves and the rich fens that have grown out of the shallows is to build skilful dykes against the grasping sea. Though for centuries past, and similarly in the recent past, even these have not succeeded in preventing the sea from conquering back huge tracts of farmland during exceptional high tides.

The northwest is the only part of Germany that borders on the open North Sea, and the Frisian people living all the way along the coast from Holland to Jutland have made good use of this fact. Even at the time of the Romans and in the early Middle Ages they were seafaring and trading people, and the German Hanseatic League of the 13th and 14th Centuries further developed this trade on the North Sea and the Baltic. Lübeck was the undisputed leader of the Hanseatic towns: in medieval times it was the second biggest city in Germany after Cologne. However, the political changes around the Baltic and the shifting of trade routes towards America at the beginning of modern times pushed the North Sea to the fore. Bremen and Hamburg grew in importance, and nowadays they are the only self-governing cities, apart from Berlin, in the whole of the Federal Republic. During the period of the German Reich before the war, Hamburg, was the more favourably placed of the two. The Elbe, linking into the Moldau, is navigable as far as Prague and is also connected with Berlin, the Oder and Silesia via the Brandenburg canal network. So the hinterland of the port of Hamburg stretches as far as Poland and Czechoslovakia. On the basis of its through-put and the area of its installations Hamburg is still one of the biggest ports in the world despite the contraction of its hinterland. Lübeck in the other hand is more an industrial city than a port nowadays, though the greatness of its Hanseatic past is still reflected in its apperance.

The way the landscape of Schleswig-Holstein is divided up can be seen very easily. The undulating hills on the eastern side are part of the end moraine of the last glaciation. The soil is predominantly clay and very fertile, and the climate is somewhat drier and less windy than on the North Sea side. The farming is mainly arable and the slopes of the low hills are decked with deciduous woods. Deep channels carved out during the ice age run far inland from the Baltic, and on these 'Förden' lie all the larger towns like Flensburg, Schleswig and the provincial capital, Kiel.

Kiel is the traditional home of the German Navy, but above all it is also the terminal for the friendly armada of tourist ferries linking West Germany with the Scandinavian countries. A short distance inland, and parallel to the Baltic coast, runs the morainic ridge left behind by the last ice age. There are hills rising at most to 164 metres, with lakes fringed with woods, and districts like the 'Holstein Switzerland' have become popular recreation areas.

Along the line where the drier high ground falls off with a drop of between ten and twenty metres, giving way to the completely flat, watery fenland deposited by tides and rivers, there is a whole chain of small market towns such as Husum, Heide, Ithehoe and Elmshorn. The fens are extremely good for farming, and it was here that the independent farmers' republic of Dithmarschen thrived during the Middle Ages, while further to the north the Frisians still maintain their independence of thought. The land itself has in part only been wrested from the sea by an immense amount of toil and has to be guarded constantly against floods.

Measured across the waist of Schleswig-Holstein, the North Sea and the Baltic are scarcely a hundred kilometres apart from each other. And yet it is impossible to imagine a greater contrast than exists between their two types of coast. Whereas on the North Sea side long stretches are only a grudging gift from the sea that men have to defend with gigantic dykes in case it is one day taken back, the land on the side of the Baltic breathes an atmosphere of peace and meditation. Admittedly, the Baltic too can have its moods and has taken its toll in the past: the Vineta Saga speaks of great catastrophes back in the mists of time. But it is the absence of rise and fall and of the storm tides so feared by people along the North Sea that mark the character of this landlocked ocean. Its coast is more friendly and holds fewer dangers for navigation than the North Sea. The structure of the shore was also ideal for the formation of a number of first class natural harbours, although nowadays these do not quite have the same importance as they did in Hanseatic times when about a hundred north German towns banded together under the leadership of Lübeck.

The German part of the Baltic coast is quite straight, with very few bays. It was only where the larger rivers flowed into the sea that the ports could develop, for instance Rostock on the Warnow which after the last war had to take over the function of being East Germany's main port and has now grown into a city of about 198,000 inhabitants. Meanwhile further inland the towns tend to be sited at the ends of lakes, as in the case of the two principal towns of Mecklenburg: Schwerin and Neubrandenburg.

From the Elbe to the Lower Rhine

(Page 89-112)

Open skies, broad horizons and the silver veins of countless rivers are the features of the great expanses of the north German lowlands which show that the sea is not far away. But between the flat marshland and the courses of the great wide rivers there are rolling sandy downs and the mounds of hills that have given the area between the Elbe and the Netherlands a richness and beauty of scenery that is hard to find anywhere else in Central Europe.

The great attraction of this region lies not only in the continuous alternation of plain and hill but also in the contrast between the purely industrial landscape of modern technology and the old towns rich in history and culture. There is the tranquility of the wildlife conservation areas of the Lüneburger Heath and there is the often frankly depressing concentration of big manufacturing towns around the lower Rhine and Ruhr; there are the delightful fields and meadows of Westphalia and the stretches of endless forest in the hills between the Weser and the Leine. These are just the opposite ends of the scale as far as the countryside is concerned: between them lies a whole gamut of variations according to the particular richness or poverty of the soil, whether the ground is high or low, whether the area is one of dense population or of blissful solitude.

The forces that shaped the landscape were more than anything those of the ice age. Huge masses of ice moved down southwards from the mountains of Scandinavia and left their accumulated debris behind in the form of moraines in the northern part of Germany. These were washed by melt waters and then pushed together into long chains of hills as the front edge of the ice fluctuated back and forth – events of incredible magnitude involving forces that were easily capable of shifting mountains.

In particular, this region owes its riches to the exceptionally fertile loess that was carried here by the winds of the ice age, and to its underground mineral resources. There are seams of black coal north of the Ruhr and close to Aachen, deposits of brown coal near Cologne and Helmstedt, iron ore near Salzgitter and a large number of salt deposits and brine springs, all of which have given rise to mines and factories in rich profusion and caused great industrial cities to spring up out of the ground.

Between Germany's two largest rivers it is hard to imagine a greater variety of scene than has grown up, with woodlands of beech and spruce, unending seas of corn, colliery towers, slag heaps and glowing blast furnaces.

Lower Saxony is the second largest 'Land' in Germany in terms of area, with 47,408 square kilometres; and the fourth largest in terms of population, with 7,199,000 inhabitants. Most of its territory lies in the north German plain: it is only in the south that it extends into the belt of the central highlands. Here in West Germany, however, there are no continuous high mountain ranges as on the eastern side. As you cross over into Westphalia or Hesse the countryside is rather a confusing patchwork of hills and valleys of varying sizes. The valleys are largely covered with rich clay loess, which is good soil for agriculture. The bigger towns have also grown up in the broad fertile zone that follows the northern edge of the central highlands from Osnabrück past Magdeburg and over into Silesia and Poland. The Mittelland Canal, too, follows this line, linking the industrial region of the Rhine and Ruhr with the Elbe and the Oder. Along it lies Hannover, the provincial capital of Lower Saxony, an industrial city famous for its trade fairs with a population of 576,000 which puts it in thirteenth place in the list of German cities.

Westphalia, which borders on Lower Saxony to the west, is wet low-lying country for the most part. Its inhabitants the Westphalians are of rather a serious north German character and their farming communities lie hidden behind tall trees. There are not many industrial towns. Münster, with a population of 200,000, is the only city in the lowlands: Bielefeld, with 321,000, is already up in the hills. It is only in the south that there is a drier band of fertile loess extending from the old ecclesiastical centre of Paderborn to beyond Dortmund, with large villages and ancient towns such as Soest. This is the Hellweg, an old east-west line of communication.

Near the Westphalian town of Hamm the coal-mining district begins, so this is also the beginning of the region know as the Ruhr. Along the flanks of the Ruhr valley where seams of good coal emerge into the light of day, mining started way back in history between Werden and Witten. Almost inevitably, an iron and steel industry also grew up in the main towns and this in turn led to machine-tool and chemical industries, so that the towns beside the Ruhr became mighty conurbations swallowing the surrounding areas and expanding along the river to obliterate the beautiful wooded slopes. Essen is probably the major city of the Ruhr, with 657,000 inhabitants and its world famous Krupp metal-casting works. But Dortmund with a population of 625,000 and its big breweries has remained an important centre of trade, and in between the two, Bochum (population 353,000) was chosen as the site for the industrial area's university.

Where the Ruhr runs out into the Rhine Plain are situated the old town of Mühlheim and the more recently founded iron-working town of Oberhausen. And at the point where the Rhine is joined by both the Ruhr and the Rhine-Herne Canal, the largest inland port in Europe has developed: Ruhrort, which is now part of the conurbation of Duisburg-Hamborn with altogether 450,000 inhabitants.

Central and Eastern Germany

(Page 113-136)

The borders of this region are somewhat arbitrarily defined. The title 'Central and Eastern Germany' was chosen to signify the area bounded by the Harz and the Thuringian Plain to the west; by the Oder-Neisse Line to the east; by most of the German Baltic coast to the north; and by the Thuringian Forest, the Franconian Forest, the Erzgebirge and the Elbsandsteingebirge to the south. In other words, apart from minor geographical differences it includes the whole of the area covered by what is now the German Democratic Republic (DDR). The minor geographical differences refer particularly to the Harz, which could never have dreamt that one day it would be a border area, or even less a set of hills through which would run a quite arbitrary frontier dividing Germany from Germany.

Despite this compulsory amputation, seen either from the East or from the West the Harz is equally one of the most popular tourist areas in north Germany. Geologically speaking, it is a core of ancient rock which rises straight out of the fertile lowlands. It is quite rich in metals, and mining for gold, silver, lead, zinc and copper has led to the growth of quite a number of towns high up in the hills.

The Harz covers an area 95 km long and up to 30 km wide. It is an amazingly self-contained world of forest and mountain on the extreme northern edge of the central German massif, in fact scarcely really belongs to this massif because it juts out from it like a separate lump into the north German lowlands. Up to the year 1000 the Harz was a region of inaccessible forest. It was only after the big discoveries of silver near Goslar that mining began to open up the region. Because of the underground treasures of the Rammelsberg which

turned out to include copper, lead and even gold in addition to silver, Goslar is a rich town and for a time was one of the chief centres of the old Empire.

Between the Harz and the Elbe and straddling the river lies a region which is chopped in two by the frontier of the two Germanies. For the most part it is a highly fertile region of flat land and it is responsible for the record productivity of the broad agricultural area around Magdeburg. On the eastern edge of the Harz lie what were once the bases from which German Kings and Emperors carried out their campaigns to colonise the east: Quedlinburg, Halberstadt and Wernigerode – places whose appearance and architecture still speak eloquently of their great historic past, particularly in the time of the Emperors of the House of Saxony.

East of the Harz the varied scenery of central and eastern Germany has a new feature that significantly enriches it. In contrast to the way the west of Germany is divided up into small parcels, the grander scale of the landscape of eastern central Europa makes itself visible here, with broad plains and a continental climate less tempered by the influence of the sea.

In the south the Central Highlands form a an almost unbroken wall of hills, mainly between 800 and 1600 metres high: the Thuringian Forest, the Erzgebirge and the Sudeten. Lying in front of them to the north, as already mentioned, are the fertile plains, partly covered with loess around places like Leipzig and Görlitz, and in Lower and Upper Silesia.

The many differences in the constitution of the soil naturally make themselves felt in the vegetation and outward appearance of the countryside. Extensive pine forests in the sandy plains laid down by the melt waters at the end of the ice age, and on the dry end moraines; oak and elder woods on the wetter ground along the river banks; whole chains of beautiful, clear lakes – all these features contribute, for instance, to making the area around Berlin one of the most attractive in Central Europe.

Between Magdeburg and Dessau, the chief city of the famous Dukedom of Anhalt, the Saale flows into the Elbe. Its drainage area covers virtually the same territory as Thuringia, the old region settled originally by the Thuringian tribe. This 'Land' is 'the green heart of Germany'. It is closed in on virtually every side by mountains: the Thuringian Forest, the Franconian Forest, the Hainich and the Harz. At its centre lies Erfurt (population 192,000) the region's biggest town. Linked to it in the west, in the outer fringes of the Thuringian Forest, are Gotha and Eisenach, the town with the Wartburg; and to the east Weimar, the city associated with Goethe and a symbol of German intellectual life – each of these having been at one time the seat of government for Thuringian Dukes. The mountains themselves are rich in industrial crafts, particularly in ones to do with the working of iron, and in glass, porcelain and toymaking. Beside the Saale, on the other hand, there is a centre of learning, the university town of Jena; and downstream we come into the region of potash and lignite quarries. The main centre of this industrial area is the old salt-mining and university town of Halle which has grown to a population of 266,000.

In the middle of the brown coal region there is also Leipzig. But Leipzig owes its size – 591,000 now compared with nearly 707,000 in 1939 – mainly to commerce and to its trade fairs. With its book trade, its university and its flourishing musical life it used also to be an important centre of German culture.

Moving on to the Erzgebirge, both the mountains themselves and the lower approaches to them are dotted with industrial towns and hamlets. The town of Chemnitz which has been called Karl-Marx-Stadt since 1953 and has 295.000 inhabitants is completely industrialised and produces machines, textiles and chemicals. Zwickau is situated over a small coalfield, and Plauen is mainly based on textiles. Nowadays all the former mining towns of the Erzgebirge are dominated by factory chimneys. Even the city of Dresden (population 508.000), which was once a truly royal city and a temperate oasis known as 'the Florence on the Elbe', now has its complement of big industries, mainly concerned with the production of consumer goods.

Berlin and its Environs

(Page 137-156)

There are several reasons for giving Berlin a section of its own. For one thing, during the period up to the end of the Second World War it was the capital of the German Reich, and since the establishment of the German Democratic Republic at least one part of it has become a capital again. For another, West Berlin was given an independent political status by the occupying powers. And for a third, even in its present mutilated state Berlin and its immediate environs, including the Spree, the Havel lakes and all the woods round about, is not merely a city in the accepted sense but more a tiny country in itself. And that may be one of the reasons why it was always a powerful magnet with irresistible attraction not only for the inhabitants of its close neighbourhood but also for people from other regions all over Germany.

As one of the world's great capitals, Berlin is of fairly recent origin. It is surprising to contemplate how an unimportant little hamlet in an out of the way situation could grow, as a result of chance circumstances, into a metropolis with a present-day population of nearly three and a quarter million (West-Berlin 2.150.000, East Berlin 1.088.000). Its history shows that nine hundred years ago there were within the area covered by modern Greater Berlin several individual towns and no fewer than 59 villages. These tiny cells that were later to develop into a giant city expanded gradually, with the result that several of the twenty boroughs that make up Berlin today still bear the name of the original village from which they sprang, and not without a certain degree of pride: for instance, Lichtenberg, Weissensee, Pankow and Reinickendorf.

But the growth of Berlin was truly a slow process. When the city was first founded on the north bank of the river Spree by the Margraves of Brandenburg its role was to secure the crossing of the Spree between Barnim and Teltow in conjunction with its sister town of Cölln which was built on an island in the Spree. At that time it had so few inhabitants that it could hardly be called a city, and even by 1540 Berlin and Cölln together still had a population of under 11.000. During the Thirty Years War Berlin was besieged, plundered and set in fire several times by the Swedish and Imperial forces and the population went down again to 7.500. For a long time it remained a small, almost pitiful provincial backwater and only began to rise again rapidly under the Hohenzollerns. But then it began to be given a new splendour by Baroque and Rococo architecture.

Under Frederick I Berlin and Cölln plus the new towns that had grown up meanwhile out of the surrounding hamlets were united into a single city which now had a population numbering 56.000. The greatest architectural achievement under this monarchy was the remodelling of the Renaissance Castle which had been built in the time of the Elector Joachim II. It was converted into an imposing Baroque palace by A. Schlüter and J.F. Eosander v. Göthe. But the Russians blew it up after the taking of Berlin in 1945 because they saw in the Imperial Palace a symbol of the hated Prussia.

In the Age of Enlightenment and the German Romantic period, Berlin also became a centre of intellectual life, particularly after the opening of the university in 1810. Writers, artists and scientists were drawn to this budding 'Athens on the Spree' which particularly began to thrive after the War of Independence.

During the time of Wilhelm I and Wilhelm II this development went on at an ever increasing pace, especially after Berlin was nominated capital of the Empire in 1871. Now the population rapidly rose past the million mark and its size, architecture, artistic and intellectual life were such that it could truly be ranked among the greatest cities in the world.

After the National Socialists had come to power, Hitler was insoired by the sucess of the way the old Reichssportfeld had been redesigned for the Olympic Games of 1936. He charged Albert Speer with the task of carrying through a set of enormous and over-ambitious plans for the further development of the capital, involving its complete reconstruction in parts. However, the outbreak of the Second World War prevented all but a handful of these projects from being realised. And after the rapid advancement of the capital throughout the 19th Century its sudden collapse was all the more dramatic. The bombing raids and the final battle for Berlin turned this proud city of the German Kings and Emperors from a 'swinging city' into the biggest field of rubble that has ever been seen.

Since 1961 when the East built the Berlin Wall, the people of Berlin have had to live in a divided city, often separated from other members of their family. In that time they have even learned to live with what is really a quite unbearable situation. After the first few years which were a time of struggle for bare existence, the rebuilding of Berlin has by some miracle been achieved, so that by now the traces of war have largely been wiped away. But other surprising changes have also taken place in East Berlin. In the last few years large parts of the inner city such as the new City Centre next to the Alexanderplatz have risen again. But apart from the occasional architectural showpiece that has survived or been restored their appearance has changed out of all recognition. A great city, one of the mightiest in the world, which was once a single living entity has shown that it is able to survive – even if it does so only as a pair of deformed Siamese twins.

Down Both Sides of the Rhine

(Page 157-200)

Like all the big Continental rivers, the Rhine is truly international. Along the 1300 kilometres from its beginnings down to the sea it flows through three western European countries. One long stretch also constitutes the actual border between Germany and France – from Basle down to around Karlsruhe – and a fourth country. Belgium has access at least to its lower reaches along navigable tributaries. At the same time, the Rhine fits the classic picture of a big river: rising in a mountain landscape of eternal snows, bursting through barriers of hills along narrow gorges, flowing in and out of lakes and finally out over the plain until it loses itself in the sea.

Lake Constance, Germany's longest and deepest lake, was formed by the Rhine. It came into being in the ice age when the glaciers of the Alps extented far down into the foothills. It was then that the Rhine Glacier scooped out a huge basin and into this basin, surrounded by great morainic ridges, the river later poured its waters until it gradually filled it up. From the lower end of the lake where the water rushes out near Stein am Rhein, the Rhine either runs through Switzerland or, for a considerable part of the way, forms the border between Switzerland and Germany. It is hemmed in by the Swiss Mittelland and Jura on the one side and the southern foothills of the Black Forest on the other, so the character of the Hochrhein – as the river is called between Lake Constance and Basle – is determined by undulating hills that are often heavily wooded right down to the water's edge. Near Schaffhausen the Rhine's course is obstructed by a ridge of hard Jurassic limestone, an arm connecting the Swiss Jura with the Swabian Alb, and the waters force a turbulent path through the rocks until they reach the edge of the bar beyond Schaffhausen. Here they plunge down over the edge with a roar like thunder.

Where the corners of three countries meet near Basle the Rhine changes its direction and its character. It makes a violent turn to the north, alters its name to the Upper Rhine and abandons its narrow rocky bed for the comfort and spaciousness of the Upper Rhine Plain. This course was determined for it by events in the remote past, for the Upper Rhine Plain is, in geological terms, a rift valley. Suddenly breaking out of the mountains and bursting with uncontrollable energy, the young river found itself presented all at once with unlimited possibilities. So in prehistoric times it proceeded to exploit these to the full by tearing hither and thither across the broad plain to its heart's content. It took enormous efforts and a huge investment of financial and material resources to finally tame the Rhine. Almost the entire lenght from Basle to Mainz had to be re-engineered so as to give the river a set course and to cut off a large number of loops, most of which were then filled up and became part of the land.

The fertility of the soil in the Upper Rhine Rift is matched by the richness of its choice of well known towns which are situated at the foot of the wooded slopes of the Black Forest and the Vosges, and also dotted about the plain. The ones that are most steeped in tradition are the two largest cities in the area: Freiburg im Breisgau and Strasbourg, each with its world famous minster. The sequence of old and honoured towns countinues down the plain and here there are even more of them. What Karlsruhe lacks in the true patina of great age it makes up for in its show of Weinbrenner Classicism. And further downstream stands that monument to German history, the Imperial Cathedral of Speyer which houses the last remains of no less than eight German Kaisers.

Of the twin towns of Mannheim and Ludwigshafen – which developed out of a political rivalry – Mannheim too has an important past as the place where the Electors of the Palatinate resided. The stout Baroque palace still stands today at one end of the principal axis of the town which is laid out like a chessboard. But the lifeblood of both towns flows from the triangle of land formed by the confluence of the Rhine and the Neckar and from their industrial quarters. Beside the two rivers are several kilometres of wharves, warehouses and fuel tanks, and both towns are founded, as a German saying goes, 'on industry and finance, machinery and science, on coal, concrete and construction'.

It is impossible to mention Speyer without thinking too of Worms and Mainz. The old capital of the Burgundian Empire is still wrapped in the magic of the Nibelungs, and Worms is engraved upon German history through such important events as the Concordat of Worms, the Diet that declared the Lasting Peace, and that other celebrated Diet of Worms before which Martin Luther was arraigned. Out of those momentous days the wondrous Romanesque Cathedral still thrusts its presence into our own times, although time has robbed the city of countless irreplaceable treasures. Of 'Golden Mainz' opposite the mouth of the Main there was also not much left after the last war, but the Cathedral still looks out as it always did over the impressive Rhine panorama enjoyed by the old ecclesiastical city.

Yet another change of scenery along the course of the Rhine is announced by the blue outlines of the Taunus. Near Wiesbaden the Taunus lies right across the path of the south-flowing river and suddenly forces it to make a swing to the west. In a short stretch of about 40 km it now flows through the fertile Rheingau, a region of fabulous beauty lying between the now swollen waters of the majestic river and the wooded hillsides. The gentle south-faced slopes of the Taunus are decked with vineyards, among which stand beautiful estate buildings, venerable monasteries and historic castles. And left and right of the Rhine the old winegrowing villages are bunched together, one next to the other, each of them able to boast of 'great' wines it has produced. Then at the point where three villages with famous names suddenly appear on top of each other – Rüdesheim and Assmanshausen on the right bank, Bingen opposite them on the left bank – the river enters what is probably the most dramatic section of all in its eventful course. With a tight curve to the right it prepares to plunge through the hills of the Schiefergebirge.

The part of the river that follows has become everybody's idea of what the Rhine should look like, with its many twists and turns, steep, sloping vineyards and idyllic hamlets, and with its plethora of castles and ruins perched high on the rocky outcrops. It never fails to tug at the romantic heartstrings of every visitor.

Of all the many towns spread along each bank, Coblence with 121.000 inhabitants is the largest and most important. The Romans chose a good place building their 'Castrum ad confluentes' at the point where the Moselle and Lahn flow into the Rhine opposite each other. Lower down, the imposing hills of the Siebengebirge begin to make their appearance, and their characteristic outline shows clearly that they arose as a result of volcanic activity. Nestling at their feet are a number of popular holiday resorts, the best known of which are Honnef, Königswinter and, on the other side of the Rhine, Bad Godesberg.

The difficult, tortuous section of the river through the Schiefergebirge is over now and the river enters its final phase as the Lower Rhine. After being narrow and confined and in perpetual conflict with natural barriers it now becomes broad and powerfull, a magnanimous dispenser of bounty to the land and people along its banks. Now it becomes truly apparent why the Rhine is the most important waterway in Europe, flowing as it does through the most heavily populated, the most industrialised and the most cultivated districts on the continent and being connected to almost every corner of Central Europe by way of tributaries and canals. The ships that sail the Rhine bear the flags of many nations.

The first of the larger towns that the river meets after leaving the hills behind is Bonn, the capital of the German Federal Republic. Then 25 km further on it passes through Cologne, the venerable Colonia agrippinensis, whose Gothic cathedral with its two spires can be seen from many miles away. From the time it enters the Cologne Basin the Rhine undergoes no further changes of character: only the appearance of its banks still changes. For instance, immediately after Cologne there is the change to a built-up industrial landscape on both sides of the river, reaching its greatest intensity around the port of

Duisburg-Ruhrort which is surrounded by giant industrial concerns. Before that there is also another big commercial centre with tall skyscrapers alongside the Rhine: Düsseldorf, 'the Office Desk of the Ruhr' as it is sometimes called because it is here that many of the big manufacturing and trading companies have their administrative headquarters.

In the development of this urban technological landscape the Rhine itself has played a major part. And from now on it can rest on its laurels as it makes its way past Hamborn and across the languid plain into the Netherlands, there to fan out into its great delta and finally roll out into the sea.

The Chain of the Central Highlands

(Page 201-224)

If the middle section of Europe can be said to be divided up into three steps, the German Mittelgebirge, or Central Highlands, form the second step and are probably the most attractive. They are a broad belt of wooded hills stretching right across Germany from the Eifel to the Sudeten, exactly in the middle between north and south. You can hear the rustle of their dark forests in the sagas of the past and they have lent their atmosphere to many a German folk tale. The country's folk songs sing of the magic and beauty of the German forests which have no equal in all the world. And they still survive in all their original loveliness and splendour on the higher slopes although they have tended to be cut down in the valleys and lower-lying areas with the continuing advance of cultivation. Ages ago very few people, generally only foresters and charcoal burners, used to penetrate into the actual depths of the forest. But then some areas were taken over by mining companies, and the iron ore of the Westerwald and Thuringia plus the veins of silver in the Harz and Erzgebirge brought with them a colonisation of even the uncultivable and inaccessible hilly parts. Then again, even the richest mines are ulitmately worked out. From as early as the 15th Century there was a noticeable decline in what used to be thriving mining areas. The result, however, was that the people stayed where they were but became more adaptable. Beginning with cottage industries, a diverse range of crafts and industries developed: small items of steel in the Bergisches Land; lace and paper, machinery and woven goods, and musical instruments in the Erzgebirge; glass, Christmas decorations and toys in the Franconian and Thuringian Forests.

And one other form of income was added by the discovery of how beautiful the scenery was in the Central Highlands. The wooded hills and valleys that had been less affected by industry and traffic in the Taunus, Rhön, Thuringian Forest, Harz, Erzgebirge and Sandsteingebirge became places that people visited for pleasure. There were also a great many mineral water springs, so a good number of spa towns grew up.

Geologically the German Central Highlands are extraordinarily varied. Their pattern is made up of three main elements: the Harz, the Erzgebirge and the Upper Rhine Mountains, and they were shaped by tremendous tectonic and volcanic upheavals in the Lower Tertiary period. The German mountains are broken up into an immense number of separate chunks, some of which have been lifted high up, some of them pushed down. And in the gaps between the chunks, quantities of magma have forced their way through, particularly near the Rhine and in Hesse where domes and plugs of basalt can still be seen enlivening the countryside.

But the most beautiful vistas in the Mittelgebirge are to be found along the valleys at the edge of its plateaux, down towards the plains. Ou find them, too, along its charming rivers, particularly along the legendary Rhine and along the Werra and Fulda – which link up with the Weser: and finally along the tributaries of the Rhine such as the Moselle, with their picturesque little towns and villages. Some of these may be said to present the ideal picture of the German countryside.

*

In order to follow the line of the Central Highlands right through Germany from west to east it is really necessary to look at an atlas. They begin on the left of the Rhine with the Eifel and the region neighbouring it to the south, the Hunsrück. Then the Schiefergebirge forms a connecting link with the rather scattered collection of hills to the right of the Rhine where it is sometimes even difficult for an experienced geographer to separate one group from another. But these mountains between the Rheingau and Westphalia all have names, and a knowledge of geology helps.

The ones to the south near the angle formed by the Rhine and Main are the Taunus, a ridge of mountains about 70 km in length between the Rhine, Main, Lahn and Wetterau. Their highest point is the Grosser Feldberg at 881 metres. The land beyond the southern slopes of the Taunus is the fertile Rheingau. The Taunus, among other things, is the region with the largest number of mineral water springs in the Federal Republic, which is why such world famous spas as Wiesbaden, with 254,000 inhabitants, grew up here. Wiesbaden is the chief city of the 'Land' of Hesse, which itself is the fifth largest

'Land' in West Germany with an area of 21,112 sq. km. and a population of 5,513,000. But the big commercial centre of Hesse is really Frankfurt, with a population of 671.000.

Next to the Taunus, to the northwest on the far side of the Lahn, is the Westerwald, which leads on in the same direction to the Bergisches Land. To the north and northeast of the Taunus are the magnificent woods of the Sauerland, and to its east the Rothaargebirge.

Just as confusing and difficult to get a clear picture of is the Hessisches Bergland which borders the groups already mentiones to the east. It consists of the Vogelsberg – which is the remains of a long-extinct volcano situated to the east of the Taunus – and the Rhön, which is the area to the east again and is shared by the 'Länder' of Hesse, Bavaria and Thuringia. At the foot of the Rhön lies the old ecclesiastical town of Fulda whose history can be traced back as far as the Apostle Boniface. The highest point in the Rhön is the well known Wasserkuppe which is 950 metres high. The River Fulda also rises in the Rhön and joins the Werra near Hannoversch Münden to become the Weser. Before it does this, however, it passes through Kassel (population 213.000) which was formerly the seat of the Elector of Hesse. From here it is not very far to the Waldecker Land which has one of the biggest dams in Germany, the Edersee.

The hills we find in the general region of Kassel are once again a bit of a jigsaw. The tiny Knüllgebirge, the Säulingswald, the Kellerwald, the Hoher Meissner, the Kaufinger Wald and the Habichtswald are some of the pieces that fit into this jigsaw before we reach the northern edge of the Hessisches Bergland in the region of the Reinhardswald on the west bank of the Upper Weser.

Geologically speaking again, the Reinhardwald is really a part of the Weserbergland which is no less varied and complex, though fairly simple in its overall construction. The Weserbergland rises on both sides of the River Weser and is the most northerly region of the Central Highland. On the left bank of the Weser between Bad Driburg and Paderborn there is also the Eggegebirge with a mountain called the Hausheide (441 metres) as its highest point, and this range continues in the form of a narrow ridge which makes up the Teutoburg Forest. On the eastern side of the Weser the groups reading from north to south are the Bramwald, the Solling, the Vogler, the Hils and the Ith, the Süntel and the Deister, and finally the Bückeberge and the Wesergebirge.

The Thuringian Forest and the Franconian Forest lie directly to the east of the Hessisches Bergland. The Fichtel range is a special little group in itself, as already mentioned, with highest points in the Schneeberg (1053 m) and the Ochsenkopf (1024 m) and it is not only significant as a group of mountains but also as the source and axis of several rivers that flow out from it towards every point of the compass: of the Main, or more precisely the two streams that form the Main, of the White Main, the Saale, the Eger and the Naab.

The Erzgebirge, which comes next to the east, is on the East German side of the border, and actually the border of the German Democratic Republic and Czechoslovakia follows the top of the mountain chain for some distance. On the German side the Fichtelberg is the highest point at 1214 metres; on the Czech side it is the Keilberg at 1224 metres. Beyond the valley carved out by the Elbe the region changes to the Elbsandsteingebirge which is notable for its unusual rock formations and several prominent flat-topped mountains including the Königstein, the Lilienstein and the Pfaffenstein.

The ridge of the Oberpfälzer Wald which runs southeast from the Fichtelgebirge and continues with the Böhmerwald is likewise a border area between the German Democratic Republic and Czechoslovakia in the part called the Hinterer Wald. The Hinterer Wald has the highest mountain in the whole chain, the Grosser Arber with a height of 1457 metres, and is separated by a broad longitudinal gap from the Vorderer Wald, an area which lies entirely on the Bavarian side of the frontier. The Vorderer Wald is a better known area because its beautiful scenery has become familiar through tourism. Nevertheless, it is still a lonely world of forests and mountains, like many of the regions of the Central Highlands.

Between the Main and the Danube

(Page 225-252)

Moving down southwards out of the German Central Highlands you come into a country that is blessed with both fertility and beauty in equal measure. It has towns that enjoy beautiful settings and are filled with good architecture; it has small medieval cities ringed by walls and towers; it has Baroque churches and palaces and is, in the truest sense of the expression, Germany's treasure chest. There is also a rich variety of countryside to delight the eye; broad, pleasant valleys, meandering rivers, shallow depressions ringed in the distance by wooded hills or cliffs. In Franconia the high, level plains are particularly expansive, and here we find many prosperous farming villages. In Swabia, on both sides of the river Neckar, the stepped hillsides crowd in closer, and then we are in rolling, lowlying country, richly cultivated and heavily populated.

Further to the south again we experience a complete change in the landscape. The scene is dominated as far as the Danube by the Swabian Alb, a range of hills roughly 200 kilometres in length and about 700 metres in height, characterised by the sharp contrast between its lush green valleys and the dryness of its brown moors.

Where the Alb falls away to ground about 400 metres lower, rich commercial towns like Reutlingen, Göppingen and Schwäbisch Gmünd have developed where the valleys become broader. In this foothill region, initially the Neckar flows northeastwards following the line of the Jura past the university town of Tübingen. Then just above the town of Esslingen it bends to the northwest. Stuttgart, the capital of Swabia, has grown in a basin in the hills off to one side of the Neckar and has now reached a population of 584,000. Officially it is the chief city of the 'Land' of Baden-Württemberg which with an area of 35,750 sq. km and a total of 9,112,000 inhabitants is, on both counts, the third largest 'Land' in the Federal Republic. Below Stuttgart the Neckar enters an area of chalk which unlike the primarily wooded hills of the Keuperberg region to the east lends itself to intensive cultivation. The biggest town here is Heilbronn. And then finally the Neckar flows on towards the variegated sandstone region of the Odenwald down a romantic stretch of narrow, steep-sided valley terminating in the marvellous city of Heidelberg (population 121,000) with its picturesque ruined castle.

The border country between Swabia and Franconia which is drained by the Kocher and the Jagst into the Neckar, by the Tauber into the Main and by the Wörnitz into the Danube is mainly used for farming and has no large cities. Its particular feature is the number of large country houses and picturesque littles towns that still have a medieval feeling about them with their walls, towers and gateways, especially towns like Rothenburg ob der Tauber, Dinkelsbühl and Nördlingen along the 'Romantic Road'.

The Swabian Alb continues to the northeast at first and then due north where it becomes the Franconian Alb, the northernmost part of which in the triangle formed by Nürnberg, Bamberg and Bayreuth is known as 'Franconian Switzerland'. It gets this name not so much for its rather low rounded hills as for the way its rivers cut into them deeply, forming steep-sided valleys with unusual outcrops of rock – a truly romantic landscape. Another particular feature of the whole range of the Jura

is its limestone caves: in 'Franconian Switzerland' there are an enormous number of them. More than a thousand, varying in size from tiny holes up to huge caverns, have been charted up to now and new ones are discovered every year.

Compared with the Swabian Alb, the Franconian Alb is only industrialised to a very minor extent and therefore also less populated. But in the Rednitz Gap wich runs through a region that has poorer sandy soil mainly covered with fir and pine forests lies Nürnberg, where Albrecht Dürer lived. Once it was a powerful free city; nowadays it has a population of 514,000 and not only produces its traditional 'Lebkuchen' – a kind of spiced cake – and pencils and toys but also has large machine-building and metal-working concerns and big factories producing electrical goods. Counting it together with the neighbouring industrial towns of Fürth and Erlangen, it makes up a concentrated sector of northern Bavaria containing three-quarters of a million inhabitants.

The Franconian Alb separates the two nuclei of the Main and the Danube. The Main and its tributaries cover the old Franconian territories embracing the northern part of Bavaria. The Main springs from two rivers originally, the White Main and the Red Main, the first of these rising in the Fichtel Hills on the eastern slopes of the Ochsenkopf, 804 metres above sea level, and the second rising at a height of 480 metres on the eastern edge of the Franconian Jura. The first largish town on the White Main is Kulmbach which is famous for its mighty Renaissance palace of Plassenburg, seat of the Margraves of Brandenburg-Kulmbach up until 1604 and equally famous as a beer-producing centre. The Red Main also passes through a well known city, Bayreuth, also associated with the Margraves of Brandenburg-Kulmbach and famous throughout the world for its regular Richard Wagner festivals. The two rivers join to form the Main proper soon after Kulmbach and the Main flows on through countryside that is constantly changing. There are a great many towns and villages too, all with something different to show. There is only space to mention a few of the larger ones here. Bamberg, for instance, the ancient seat of German Emperors and bishops, with the oldest part of the town overlooked by the four towers of the Cathedral and by the Church of St. Michael. The Cathedral was founded in 1237 and is one of the finest examples anywhere of late Romanesque architecture. And then there is Würzburg, which is perhaps even more famous; with its Bishop's Palace, its cosy little streets and squares and the Castle of Marienberg rising up over the city, not to mention its fine setting among the vineyards, it is a place that stays in the memory.

There are countless smaller places too, with their medieval walls and gateways like Markbreit, Ochsenfurt, Sulzfeld and Frickenhausen. One almost gets a feeling of mounting climax the further west one goes, because the dark hills of the Spessart gradually begin to rise up and the slopes of the Odenwald begin to hem the river in from the south so that ancient winegrowing hamlets like Freudenberg and Miltenberg can only just find space to grow in the narrow valley. More often here than along the upper part of the Main the crags are decked with the ruins of castles, their history sometimes going back beyond the Age of Chivalry to the time of the Romans. And as the high point of any journey like this along the Main there is Aschaffenburg, once the summer residence of the Archbishops of Mainz, with the splendid Renaissance palace of Johannisburg overlooking the breadth of the valley. This is were the Franconian highlands come to an end and the Main sweeps on across a wide plain, fringed more and more with factories and workshops as it passes through Hanau, Offenbach and Frankfurt and down to the Rhine.

The southern limit of the part of Germany described and illustrated in this section of the book is set by the Danube. And the Danube is a truly international river. Only its source and upper reaches are on German soil: after Passau it flows through three more countries – Austria, Hungary and Yugoslavia – and then during its final stretch it becomes the borderline between Romania and Bulgaria – the most northerly arm of its delta even between Romania and the Soviet Union – before finally pouring its waters into the Black Sea.

After the infant stream has broken through the Swabian Jura it flows on into the Bavarian Forest through a number of wide basins where the typical scenery is that of water meadows. There are a great many villages in this area, but also a few larger towns which owe their size to the fact that by this time the river is becoming navigable. The first of these is Ulm, whose people set up a profitable trade with downriver states during the early Middle Ages, and particularly with the Balkan countries. Then comes Ingolstadt where the Dukes of Bavaria used to reside and which still retains many tokens of its glorious past though today it is a fast-growing industrial town. Before the Danube is joined by the Altmühl the valley closes in again and the river has to contend for the last time with outrunners of the Jura. Again this makes for a region of outstanding natural beauty extending to a point shortly before Regensburg, where the Altmühl, Naab and Regen all enter the main stream. At this point there was already a town founded by the Celts, Radasbona, and later the Romans built a camp, Castra Regina, which subsequently became Regensburg, the centre from which the Bavarian tribes gradually radiated. Modern Regensburg (population 133,000) has perhaps an even greater history than Ulm, because proper navigation of the Danube with reasonably sized vessels first began here, causing movement and trade to flourish in the city. Regensburg had its own fully equipped trading fleet exchanging goods back and forth with the Balkans and the Orient. In future the Danube will also increase tremendously in importance as far as navigation is concerned when the Rhine-Main-Danube Canal project, presently under construction, reaches completion. The new canal will enter the Danube at Kelheim.

As far as the German part of the Danube is concerned, Passau is a charming and fitting ending to our journey, really one of the most attractive towns in the whole of Germany. It makes a harmonious picture, standing at the confluence of the In, Ilz and Danube. The great river, which by this time has grown to a width of 211 metres, could hardly have found a more striking a fitting way of making its departure from the land of its origin.

The German Alps and their Approaches

(Page 253-279)

The large triangle between the Danube and the foot of the Alps includes Lower Bavaria, which is a hilly region of tertiary rock formations, and Upper Bavaria and Swabia which rest on a plain of ice age debris that has been shaped into moraines nearer to the edge of the mountains during the various phases of glaciation. In the area moulded by the final glaciation right next to the Alps themselves there are quite a number of lakes, all of them different in size but most of them deep and elongated in shape. They include the Ammersee, the Starnberger See and the Chiemsee, and their beds were hollowed out by the tongues of the glaciers that reached down from the mountains during the ice age.

Also rising in the Alps are the tributaries of the Danube: the Iller, Lech, Isar and Inn. They cut right across all the rather similar looking hills and terraces, flowing directly northwards on the western side and turning towards the east on the eastern side. It is on this boulder plain that Munich has grown up on the River Isar. It was the residence of the Dukes of Bavaria from the 13th Century onwards and today it is capital of the independent state of Bavaria which covers 70,547 sq. km. and has 10,852,000 inhabitants. The city is now the third largest in Germany with a population of 1,337,000.

Augsburg is much older than Munich and was a large, rich merchant city in medieval times. Its present size of 256,000 inhabitants is largely due to the number of industrial concerns that it houses. Memmingen, Kempten and Kaufbeuren were also independent cities like Augsburg, and they have continued to develop as centres of trade up to the present day although they have not grown into large cities.

The western part of the approaches to the Alps which is called the Allgäu also belongs to the Bavarian administrative district of Swabia. Its rainfall figures are particularly high, which means that large herds of cattle can be maintained on the green pastures that grow on its peaty soil right.

In the far southwestern corner, surrounded by gentle countryside, lies the largest of all the German lakes, Lake Constance, with an area of 539 sq. km. Lengthways between Bregenz and Ludwigshafen this 'Swabian Ocean' measures 63.5 km and at its broadest point between Langenargen and Rorschach its shores are 14 km apart. The lake is divided into three clearly recognisable parts: the Upper section between Bregenz and Constance, which includes by far the largest area of water, the Überlinger section which is a continuation of the Upper lake to the northwest, and the Lower section which is separated from the main body of the lake by a tongue of land near Constance where the Rhine becomes visible again as a river for a distance of 4 km.

The wonderful scenery of the Alpine approaches, their unusually mild climate and the fertile soil of their valleys all combined make the area around Lake Constance into one where men have settled from the earliest times. Along the shores of the lake it is possible to trace the unbroken path of man through the millennia. In many places people have come across the outlines of wooden huts and the remains of stone age settlements, but above all there are remarkable tokens in the environs of the lake of all the great ages of German culture: veritable jewels of Romanesque architecture on the Reichenau; the Gothic masterpieces of Constance and Überlingen minsters; beautiful Renaissance houses in each of the towns; and finally – most fitting of all in this region of abundance – the panoply of Baroque marvels in the churches, monasteries and palaces along the shores and throughout the surrounding hills – on the Heiligenberg, in Salem, in the monastery church of Birnau and in Friedrichshafen.

The German portion of the Alps may be small in area but the original folding of the mountains and the later effects of weathering have created a particularly rich variety of scenery in this little corner. And through the heart of this sometimes hostile, sometimes friendly mountain world runs the German Alpine Road, from Lake Constance right along to Berchtesgaden, that is to say from west to east all the way across the German part of the Alps. It carries us right over the chain of the Allgäu Mountains into the hollow where the world famous holiday centre of Oberstdorf nestles among the peaks, then on to the health centre and ski-ing resort of Hindelang and over the Jochstrasse, with its total of 107 bends, to the little mountain village of Oberjoch. At this point the course of the Alpine road is currently interrupted so that you have to drive via the Oberjoch Pass through a piece of the Austrian Tyrol as far as Füssen, or alternatively back via Sonthofen to Nesselwang from where you can continue for a considerable distance along the Alpine Road.

The number of wonderful sights becomes so great from now on that it is almost too much to take in. Füssen and its lakes, the royal castles of Neuschwanstein and Hohenschwangau, the marvellous churches of the district known as the Pfaffenwinkel, the Passion Play village of Oberammergau, the royal castle of Linderhof and the Benedictine abbey of Ettal with its superb Baroque church – yet all these are only a prelude to the beautiful scenery of the Werdenfelser Land which has Garmisch-Partenkirchen as its centrepiece. The majority of tourists prefer to visit this central section of the Bavarian Alps because here they find the German Alps at the very best. Here they can see the whole of the Wetterstein group, watched over by the Zugspitze which at 2,963 metres is Germany's highest peak. And they can see the Karwendel range rising over Mittenwald, the pretty little town where violins are made.

Virtually every kilometre of our journey eastwards has some new sight to offer so that a mere listing of all there is to see would take up all the space at our disposal. There are lakes like the quiet Walchensee and the friendly Kochelsee, the charming Tegernsee, the tiny Schliersee and the Sylvensteinsee in the Isar valley which is a man-made lake. There are well known viewpoints on the edge of the Alps such as the Herzogstand, the Benediktenwand and the Wendelstein, and there is the popular ski-ing area of the Sudelfeld near Bayrischzell. But there are also spa towns such as Kohlgrub, Heilbrunn, Bad Tölz and Wiessee, to mention only a few.

On the far side of the Inn is the beginning of the Chiemgau district. The Chiemsee is a large lake with low falt shores that are marshy in parts. There are two islands out in the lake: a small pretty one called the Fraueninsel with a priory on it, and the Herreninsel with a bombastic castle on it called the Herrenchiemsee, which like Neuschwanstein and the Linderhof was built by King Ludwig II of Bavaria. The mountains of the Chiemgau, the Kampenwand, the Hochgern and the Rauschberg, which are all above 1700 metres, provide extensive views over the Chiemsee and across to the Tauern hills. And Reit im Winkl and Ruhpolding are very popular holiday resorts.

The southeast corner of Germany, like the Salzburger Land which adjoins it, is a region of salt. The brine springs at Bad Reichenhall were even known to the Romans. The main part of the Berchtesgadener Land was once a primeval forest and quite uninhabited up to 1102 when an abbey was founded there. The open valley into which the little market town of Berchtesgaden extends is ringed by outcrops of limestone which are bulky in shape but generally not more than 2000 metres in height, such as the Untersberg, the Lattengebirge and the sheer cliffs of the Reiteralpe. Immediately to the south there is a higher group of mountains whose peaks have sharp fangs and wild rocky grooves cut into their sides: the Watzmann (2713 m), the Hochkalter (2607 m) and the Hohe Göll (2522 m). Deep in this world of soaring white peaks, 2000 metres below their tops, are the sparkling blue waters of the Königsee, and the view of the lake and its surrounding mountains is surely one of the most breathtaking in the whole of the Alps.

Introduction

Le changement continuel de paysage auquel assiste le voyageur qui entreprend un voyage du Nord au Sud à travers l'Allemagne, est dû tout d'abord aux trois grandes étapes géologiques qui, visiblement, ont formé ce pays, des régions côtières très plates en passant par les Montagnes Moyennes jusqu'aux contreforts des montagnes majestueuses du Sud.

Mais il serait par trop simple de vouloir s'en tenir à ces divisions sommaires. Entre elles s'intercalent d'innombrables petites étapes intermédiaires mais non moins intéressantes et qui ont, elles aussi, laissé leur empreinte bien visible et souvent pleine de charme. C'est ainsi que se côtoient dans les basses terres du Nord les polders et les dunes, les marais et les landes, les lacs et les collines. A peine perceptible pour le voyageur venant du Nord, le paysage passe de la plaine horizontale aux plateaux ondulés du Teutoburger Wald et aux Montagnes de la Weser, pour prendre la forme de montagne définitivement dans le Massif du Harz, puisqu'on y atteint une hauteur de 1142 m.

A partir de là les images se succèdent comme dans un film monumental: des régions montagneuses et richement boisées sont parcourues de vallées larges et fertiles ou de gorges profondes et romantiques. Le Rhin, la Weser et l'Elbe sont les grandes artères qui divisent verticalement le pays d'Est en Ouest, alors que le Main et le Danube divisent l'Allemagne du Sud horizontalement d'Ouest en Est. Autour de cet éventail de fleuves les Montagnes Moyennes déploient une variété troublante, de l'Eifel aux Sudètes, au Sauerland et à la Forêt-Noire, au point que l'initié même a du mal à citer de mémoire le nom de chaque région et de chaque montane. Ce qui est pourtant frappant, c'est que chaque sommet a son caractère propre et qu'en fait il est impossible de les confondre: Reinhardswald et Knüll, Hoher Meißner et Vogelsberg, Hunsrück et Taunus, Eifel et Rhön, Odenwald et Spessart, sans parler des grands massif montagneux des Sudètes, des Monts Métallifères (Erzgebirge), de la Forêt de Bohème ou de Bavière, du Jura Souabe ou Franconien, ou enfin de la Forêt-Noire. Le changement radical du vaste paysage des Préalpes avec ses torrents fougueux et ses merveilleux lacs, à la Haute montagne et ses sommets majestueux, constitue la fin d'un voyage si riche d'impressions, qu'aucun autre pays d'Europe n'est en mesure d'offrir.

Les Côtes de la Mer du Nord et de la Baltique

(Page 57-88)

Dans le paysage des côtes du nord allemandes, le spectateur attentif est frappé par l'union qui règne entre la terre et la mer, l'harmonie de ces deux mélodies formidables, le chant éternel de la création qui court au-dessus des sables et des marais, des digues et des polders. Mais l'image de cette unité indestructible est trompeuse. En réalité, la mer et la terre se livrent un combat incessant. Les vagues qui déferlent sur la côte la rongent sans cesse et l'ingéniosité de l'homme suffit à peine pour pallier chaque année aux pertes subies. Contrairement aux bassins océaniques anciens, vieux de plusieurs millions d'années, la cuvette de la mer du Nord est jeune. A la fin de la dernière ère glaciaire, il y a environ 20.000 Années, la côte maritime était beaucoup plus au Nord, au-delà du «Doggerbank», et un paysage rocheux de moraines résultat d'une large glaciation, s'étendait à perte de vue avec ses marais tourbeux, ses forêts de hêtres et de chênes jusqu'à l'actuelle Angleterre, traversé seulement par la gigantesque vallée de l'Elbe Inférieure. Peu à peu la mer envahit la terre. Les dunes de la Frise Orientale, les côtes escarpées au Nord de Brême et dans la région de Dithmarschen, les dunes d'Elmshorn et au Nord de Niebüll sont les vestiges réels des anciennes côtes. Mais la mer prend et donne tout à la fois: depuis qu'elle a cessé de monter et que la terre ne s'enfonce plus, les eaux troubles découvrent à certains endroits de nouvelles terres. Ce phénomène résulte de la respiration de la mer: à chaque marée haute une mince couche de sédiments se dépose dans les baies abritées et comble ainsi peu à peu la mer jusqu'à ce que la terre affleure à marée basse et forme des lagunes.

Un vent incessant, une mer toujours agitée, c'est ce qui caractérise la côte de la Mer du Nord. Ils forment le paysage et marquent le visage de habitants de la côte qui sont obligés de se battre avec la mer, qu'ils soient marins, pêcheurs ou paysans. Les tempêtes de la Mer du Nord sont très dangereuses et coûtent chaque année la vie à de nombreux marins et la destruction de nombreux bateaux. L'habitant des régions côtières ne peut défendre les riches polders arrachés à la mer qu'en les protégeant par des digues. Mais même les digues n'ont pas pu empêcher que, tant autrefois que dans les dernières années, les polders soient submergés par les flots lors des grandes marées.

Le Nord-Ouest est la seule partie de l'Allemagne s'ouvrant directement sur la mer. Les habitants de la Frise, de la côte de Hollande à Jutland ont su en tirer profit: déjà du temps des Romains et au début du Moyen-Age c'était un peuple de marins marchands. La Hanse allemande du 13e Siècle et du 14e Siècle amena le commerce sur les côtes de la Baltique et de la Mer du Nord. Lübeck était sans conteste la capitale de la Hanse. Au Moyen-Age elle était la deuxième ville d'Allemagne après Cologne. Mais les changements politiques survenus dans la zone balte, ainsi d'ailleurs que le déplacement des routes de commerce maritime vers l'Amérique au début des Temps Modernes, poussèrent la Mer du Nord au premier plan. Brême et Hambourg devinrent florissantes et ces deux villes sont actuellement les seules (à part Berlin) qui soient encore des villes-états en République Fédérale. C'est Hambourg pourtant qui avait la meilleure place au Ile Reich. En effet, l'Elbe est, tout comme la Moldau, navigable jusqu'à Prague et elle est reliée, grâce au système des canaux, à Berlin, l'Oder et la Silésie. C'est ainsi que l'influence de Hambourg allait jusqu'en Tchécoslovaquie et en Pologne. D'après le chiffre d'affaires annuel en tonnage et le développement de son port, Hambourg est aujourd'hui, malgré l'amputation de son arrière-pays, un des plus grands ports du monde. A Lübeck par contre, qui est aujourd'hui une ville commerciale plutôt que portuaire, on retrouve avant tout, malgré les lourdes pertes subies pendant la guerre, l'éclat du temps de la Hanse.

La structure géographique du Schleswig-Holstein est très nette: l'est vallonné correspond à la moraine de fond de la dernière glaciation. Le sol, très souvent argileux, est fertile, le climat est un peu plus sec et moins venteux que sur la côte de la Mer du Nord. L'agriculture y tient la première place et de merveilleuses forêts recouvrent les versants de cette campagne ondulée. De profonds couloirs formés par les glaciers pénètrent de la Baltique à l'intérieur du pays. C'est dans leurs baies que se trouvent les plus grandes villes comme Flensbourg, Schleswig et la capitale, Kiel, traditionnel port d'attache de la marine de guerre mais surtout port d'escale de la paisible flotte de bateaux de touristes qui vont d'Allemagne en Scandinavie.

A proximité de la côte balte, parallèlement à elle, s'étend la moraine terminale de la dernière glaciation: des collines hautes de 164 m maximum, des lacs nichés au milieu de forêts,

sont devenues des régions touristiques appréciées comme la «Suisse de Holstein» (Holsteinische Schweiz).

Là où la dune descend graduellement de 10 à 20 m vers le so humide et fertile des polders, déposé par la mer et les fleuves s'est établi une multitude de petites villes de commerce: Husum Itzehoe, Elmshorn. Les polders sont des terres très riches pendant longtemps ce fut une république libre de paysans Dithmarschen. Plus loin au Nord vivent les Frisons qui son connus pour leur idées libérales. Très souvent la terre a été arrachée à la mer aux prix d'incroyables efforts et elle doi être sans cesse protégée contre elle.

*

Si l'on mesure la largeur du Schleswig-Holstein, on constate que la Mer du Nord et la Baltique ne sont même pas séparée de 100 Km l'une de l'autre et pourtant on ne peut imaginer de plus grandes différences que celles que présentent les côte de ces deux mers. Alors que le long de la côte de la Mer du Nord la terre doit être sans cesse protégée par des digue gigantesques et qu'elle est malgré tout menacée à tou moment, la côte balte dégage une impression de calme et de tranquillité. Certes, la Baltique est dangereuse aussi, et a coûté déjà la vie à bon nombre de marins. Et si l'on en croi la légende de Vineta, elle a causé des catastrophes qui se perdent dans la nuit des temps. Mais l'absence des marées et des marées d'équinoxes si redoutées des habitants de la Mer du Nord caractérise la côte de cette mer intérieure. Sa côte est agréable et moins dangereuse pour le trafic maritime que celle de la Mer du Nord. Sa structure a favorisé la création d'une multitude de ports naturels idéals qui ne jouent plus le même rôle qu'au temps de la Hanse, association d'environ 100 villes du Nord de l'Allemagne sous la direction de Lübeck, et qui par la Baltique, faisait l'échange des produits artisanaux allemands contre les matières premières des pays nordiques et baltes.

*

La côte allemande de la Baltique est rectiligne et peu découpée. Ce n'est que là où des fleuves importants se jettent dans la mer que des ports ont été créés. Ainsi le port de Rostock au bord de la Warnow qui, après la dernière guerre est devenu le port principal de l'Allemagne Centrale, se classe maintenant parmi les grandes villes avec 198 000 ha. A l'intérieur du pays les villes se situent très souvent au bord des lacs comme les deux villes principales du Mecklembourg, Schwerin et Neubrandenburg.

Entre l'Elbe et le Rhin inférieur

(Page 89-112)

De larges horizons, d'immenses plaines et une multitude de fleuves paisibles laissent deviner la proximité de la mer dans la vaste région côtière allemande. Entre les polders et les vallées des grands fleuves s'intercale l'ondulement des landes et des collines créant ainsi entre le Rhin Inférieur et l'Elbe une multitude de formations géologiques et de beautés naturelles comme on en trouve peu ailleurs. Le charme certain de cette région ne vient pas seulement de l'alternance continuelle des plaines et des collines, mais aussi du contraste établi entre les villes industrielles ultra-modernes et les vieilles villes riches de culture et d'histoire. Le silence des parcs nationaux dans la Lande de Lunebourg et la concentration presque oppressante des grandes villes laborieuses au bord du Rhin et de la Ruhr, l'opulence des champs et des prés de la Westphalie et les montagnes qui s'étendent à perte de vue pendant des heures entre la Weser et la Leine ne sont que quelques exemples caractéristiques de ce paysage. Entre eux s'étend toute l'ampleur des contrastes entre les sols fertiles et les sols arides, la plaine et la montagne, la densité de la population dans les villes et la solitude des forêts.

Le paysage a été formé principalement par l'ère glaciaire. De gigantesques masses de glace venant des montagnes scandinaves se sont déversées vers le sud et ont déposé ce qu'elles arrachaient au passage sous formes de moraines dans la région du Nord. Les eaux de fusion délavèrent ces moraines par endroit et poussèrent de longues chaînes de collines les unes sur les autres là où la glace le permettait: phénomène gigantesque, de taille à déplacer des montagnes.

Cette région doit sa prospérité avant tout à la fécondité de son sol de loess d'origine éolienne et à ses richesses minières. Les bassins de houille au nord de la Ruhr et près d'Aix-la-Chapelle, les bassins de lignite près de Cologne et d'Helmstedt, les gisements de fer de Salzgitter et les nombreux dépôts salins et sources salines ont fait surgir de terre, tels des champignons, les nombreuses fabriques, mines et villes industrielles.

Le paysage qui s'est ainsi constitué entre les deux plus grands fleuves allemands est plein de constrastes: les forêts de hêtres et de chênes, les terrains de landes plantés de genièvre, les vallées romantiques, les immenses champs de céréales voisinent avec les tours des puits de mines, les terrils de charbon et les hauts-fourneaux.

*

Par sa superficie la Basse-Saxe (Niedersachsen) vient au second rang des états allemands avec 47.408 Km², sur le plan de la densité de population (7.199.000 hab.) sur le quatrième. Son paysage ressemble beaucoup à celui de la région du Nord à part le Sud qui touche les Montagnes Moyennes (Mittelgebirge).

Ici, à l'Ouest, on ne trouve pas comme dans le Centre du pays et à l'Est de longues chaînes de hautes montagnes. Ce sont surtout d'innombrables petites collines, isolées ou en chaînes et de petites cuvettes qui forment la transition entre le Nord et la Westphalie et la Hesse. Les cuvettes sont souvent remplies de loess et offrent de grandes possibilités à l'agriculture.

Les grandes villes se trouvent surtout dans la zone des plaines fertiles qui s'arrêtent au pied des Montagnes Moyennes, d'Osnabrück par Magdebourg jusqu'en Silésie et en Pologne. C'est dans cette longue bande fertile que se trouve le Mittellandkanal qui relie le bassin rhénan à l'Elbe et l'Oder. C'est sur sa rive que se trouve la capitale de l'état, Hanovre, ville de Foire et d'industrie qui se classe au 13ème rang des grandes villes allemandes avec 576.000 habitants.

La Westphalie, qui touche, la Basse-Saxe à l'Ouest, est en grande partie une région plate et humide. Les habitants sont des Allemands du Nord assez lourds dont les fermes isolées se cachent derrière de grands arbres. On y trouve peu de villes et peu d'industrie. Münster, avec 200.000 habitants est dans la plaine la seule grande ville. Bielefeld qui compte 321.000 habitants est déjà dans la région montagneuse. La seule zone fertile se trouve au Sud et part de la vieille ville épiscopale Paderborn jusqu'au-delà de Dortmund. On y voit des villages plus importants et des villes pittoresques comme Soest. C'est l'ancienne route de commerce d'Ouest en Est «Hellweg» (chemin clair).

Avec la ville de Westphalie Hamm nous abordons le bassin minier et avec lui la région dite de la «Ruhr». Sur les versants de la vallée de la Ruhr, où les gisements de houille affleurent, on a commencé très tôt l'exploitation en particulier entre Werden et Witten. Dans ces centres se développèrent en même temps les industries du fer et de l'acier, auxquelles s'ajoutèrent par la suite les industries de construction de machines et les industries chimiques. C'est ainsi que les villes de la Ruhr ne cessèrent de s'agrandir et gagnèrent peu à peu les versants boisés de la vallée de la Ruhr. Essen (675 000 habitants) est en fait le centre du bassin de la Ruhr avec la célèbre fabrique d'acier fondu KRUPP, alors que Dortmund (625 000 habitants) avec ses grandes brasseries, est restée une importante ville de commerce. Bochum, située entre les deux (353 000 habitants) a été choisie comme ville universitaire.

A l'entrée de la Ruhr dans la vallée rhénane se situe la vieille ville de Mühlheim et la nouvelle ville des hauts-fourneaux Oberhausen. Là où la Ruhr et le Rhein-Herne-Kanal se jettent dans le Rhin s'est formé le plus grand port fluvial d'Europe, Ruhrort, qui est aujourd'hui une partie des villes jumelées de Duisburg-Hamborn qui comptent ensemble 450 000 habitants.

L'Allemagne du Centre et de l'Est

(Page 113-136)

Les frontières de cette région ont été délimitées assez arbitrairement.

La dénomination «Allemagne du Centre et de l'Est» a été choisie pour caractériser la région qui s'étend à l'ouest entre le Harz et la Plaine de Thuringe, la ligne Oder-Neiße à l'Est qui est limitée au Nord par la plus grande partie de la côte balte et au Sud par les Forêts de Thuringe et de Franconie, les Monts Métallifères (Erzgebirge) et l'Elbsandsteingebirge. En résumé, à part quelques petites différences géographiques, cette région couvre le territoire de l'actuelle République Démocratique allemande. Les petites différences géographiques évoquées concernent surtout le Harz qui n'était certes pas prédestiné à devenir une frontière naturelle ou plutôt une régon montagneuse à travers laquelle passerait une frontière germano-allemande.

Malgré cette terrible amputation, le Harz reste pour les deux pays allemands pareillement une des régions touristiques les plus attirantes d'Allemagne du Nord. Du point de vue géologique il domine directement la zone des plaines fertiles, et est une chaîne de montagnes anciennes. L'exploitation des mines d'or, d'argent, de plomb, d'étain et de cuivre a favorisé la naissance de villes à même la montagne.

Le Harz est une chaîne de montagnes moyennes de 95 km de long et de 30 km de large, région de montagne et de forêt étonnamment fermée, située à la limite extrême-nord des Montagnes Moyennes sans toutefois en faire partie, car elle empiète sur la plaine du Nord comme un immense bloc.

Jusqu'en l'an 1000 le Harz était une région montagneuse impénétrable. Ce n'est qu'après les premières découvertes d'argent au Rammelsberg près de Goslar que l'exploitation minière s'empara du Harz. Goslar est devenue une ville prospère grâce aux trésors du Rammelsberg qui a fourni non

seulement de l'argent et du cuivre, mais également du plomb et de l'or. Goslar fut pendant longtemps un des centres du vieil Empire et résidence impériale.

Entre le Harz et l'Elbe s'étend de part et d'autre de l'Elbe une région coupée par la frontière germano-allemande. Il s'agit en grande partie de la plaine fertile «Börde» à laquelle Magdebourg et ses environs doivent leurs excès de récoltes. A la lisière-Est du Harz se trouvaient autrefois les bastions des états colonisés de l'Est construits par les empereurs et les rois allemands. Quedlinburg, Halberstadt et Wernigerode sont des villes dont les remparts et les monuments témoignent de la gloire du passé et surtout du faste du règne des empereurs saxons.

A l'Est du Harz la région de l'Allemagne du Centre et de l'Est gagne un nouveau trait de caractère; contrairement au paysage de l'Allemagne de l'Ouest, on rencontre maintenant un nouveau relief, proche de celui de l'Allemagne centrale de l'Est, avec de grandes plaines et un climat continental plus rigoureux en raison de la proximité de l'océan.

Au Sud les Montagnes Moyennes forment un rempart de montagnes à peine interrompu de 800 à 1600 m. de haut. Ce sont la forêt de Thuringe, les Monts Métallifères (Erzgebirge), les Sudètes. Devant eux au Nord s'étend la zone de loess déjà citée, près de Magdebourg, Leipzig, Görlitz et en Silésie du Sud et du Nord.

Le changement continuel de la structure du sol influence naturellement la végétation et l'aspect du paysage. De grandes forêts de hêtres dans les plaines de sables formées par les eaux de fusion et sur les plateaux morainiques, des forêts de chênes et d'aulnes au bord des fleuves et une multitude de petits lacs, contribuent à faire de la région autour de Berlin une des plus agréables de l'Allemagne du Centre.

Entre Magdebourg et Dessau, capitale de l'ancien Duché d'Anhalt, la Saale conflue avec l'Elbe. La zone fluviale couvre presque entièrement la région de la Thuringe, qui tient son nom de la tribu des Thuringeois. On l'appelle également «le coeur vert de l'Allemagne» (das grüne Herz Deutschlands). De tous côtés ou presque elle est entourée de forêts: la forêt de Thuringe, de Franconie, du Hainich et du Harz. Au milieu se trouve Erfurt (192 000 habitants), qui est la plus grande ville de l'Etat. Dans l'avant-pays de la forêt de Thuringe se situent à l'Ouest Gotha et Eisenach, la ville de la Wartburg, à l'Est Weimar, la ville de Goethe, symbole de la vie intellectuelle allemande, et qui sont toutes d'anciennes résidences du Duché de Thuringe. La montagne elle-même est riche en artisanat, surtout à base de fer, de verre, de porcelaine, et de bois (jouets). Au bord de la Saale se trouve à nouveau un centre des arts et des lettres, Iéna, ville universitaire. En aval on entre dans la région de la potasse et du lignite. Le centre en est l'ancienne ville universitaire et haut-lieu du commerce du sel, Halle, qui compte maintenant 266.000 habitants.

Dans la région du lignite se trouve aussi Leipzig. Cette ville doit son importance avant tout au commerce et aux foires (591.000 habitants contre 707.000 en 1939). En plus de l'industrie du livre, de l'université, sa vie musicale en faisait un centre culturel allemand. Au pied des Monts Métallifères et dans la montagne même se trouvent de grandes villes et d'importants villages industriels. Chemnitz, depuis 1953 Karl-Marx-Stadt, avec 295.000 habitants est une ville d'industrie, en particulier de construction de machines, d'industries textiles et d'industries chimiques. Zwickau est le centre d'une petite région de lignite, Plauen avant tout une ville textile. Dans les anciennes villes minières des Monts Métallifères se dressent maintenant des cheminées de fabriques. Même la ville «royale» de Dresde (508.000 habitants), la «florence baroque de l'Elbe» déchue à présent, située dans une oasis de climat tempéré au bord de l'Elbe, a d'importantes industries orientées surtout vers les produits de consommation.

Berlin et sa region

(Page 137-156)

Si nous consacrons un chapitre entier à Berlin c'est pour de multiples raisons: d'une part Berlin était jusqu'à la fin de la seconde guerre mondiale la capitale du Reich, et pour la R.D.A. Berlin est devenue, depuis la création de cette république, et bien qu'en partie seulement, la nouvelle capitale. D'autre part, selon la volonté des Alliés, Berlin-Ouest a reçu le statut politique d'un Etat. Enfin, bien qu'amputée, Berlin avec sa région, la Spree, les lacs de la Havel et les forêts qui l'entourent, n'est pas une ville dans le sens propre du terme, mais un paysage caractéristique et c'est là peut-être la raison pourquoi Berlin exerçait un tel magnétisme sur les gens de Silésie et de Brandebourg comme d'ailleurs sur les habitants des autres régions d'Allemagne.

Berlin est une jeune ville mondiale, de laquelle nous apprenons, non sans étonnement d'ailleurs, qu'elle était à l'origine une petite bourgade sans importance, assez mal située et qui, grâce à une série de circonstances favorables, est devenue une métropole de 3,2 Millions d'habitants (Berlin-Ouest a 2.150.000 habitants contre 1.088.000 à Berlin-Est). L'histoire nous apprend qu'il y a 900 ans, dans le secteur du grand Berlin actuel, se trouvaient plusieurs villes et pas moins de 59 villages.

Ces minuscules cellules du géant actuel se développèrent peu à peu, si bien qu'une vingtaine de quartiers du Berlin actuel portent encore avec fierté le nom du village dont ils sont issus: Lichtenberg, Weissensee, Pankow, Reinickendorf et d'autres encore.

Le processus de croissance de Berlin ne se fit que lentement. Lorsque la ville fut fondée aux environs de 1230 par le Markgraf de Brandebourg au Nord de la Spree pour assurer avec la ville soeur Cölln – moins grande qu'elle – la sécurité du passage de la Spree entre Barnim et Teltow, elle avait tellement peu d'habitants qu'il était difficile de la considérer comme ville. En 1450 Berlin et Cölln avaient à elles deux 11.000 habitants. Pendant la guerre de Trente Ans la ville fut prise à plusieurs reprises par les Suédois et les troupes impériales, pillée et détruite en partie par le feu. Le nombre de ses habitants retomba à 7.500. Elle eut du mal à se remettre et resta pendant longtemps une petite ville de province presque misérable. Ce n'est que sous les Hohenzollern qu'elle prit un réel essor. Sous le règne de Frédéric Ier, Berlin et Cölln furent réunies en une seule ville avec les quartiers extérieurs et les petites cités champignons qui s'étaient formés tout autour. La ville compta ainsi 56.000 habitants. Les plus grands travaux sur le plan architectural, réalisés sous le règne de ce roi, sont la transformation du Château Renaissance datant du temps de l'Electeur Joachim II en un édifice baroque par A. Schlüter et J.F. Eosander v. Göthe. Les Russes détruisirent ce bâtiment lorsqu'ils entrèrent dans la ville en 1945, parce qu'ils y voyaient le symbole de l'empire détesté.

Au temps des Lumières et du Romantisme Berlin devint la capitale du monde des Lettres, surtout après l'ouverture de l'Université en 1810. Les savants, les artistes et les écrivains furent attirés par cette ville intéressante, cette «Athènes de la Spree» qui connut surtout après les guerres d'indépendance un essor insoupçonné. Sous le règne de Guillaume Ier son développement s'intensifia encore, surtout lorsqu'elle fut proclamée capitale de l'Empire en 1871. A partir de ce moment-là la densité de sa population ne fit qu'augmenter et atteignit bientôt le million. L'importance et la magnificence de ses édifices, sa vie artistique et intellectuelle, lui permirent de s'aligner sur le rang des capitales mondiales.

Après la prise de pouvoir du régime Nazi, Hitler fit de gigantesques plans – parmi ceux-ci le plan du stade pour les jeux olympiques de 1936 – qui devaient transformer complètement la ville. C'est l'architecte Albert Speer qui fut chargé des travaux. En raison de la dernière guerre mondiale, la plupart de ces travaux ne fut jamais réalisée. Après le développement qu'avait connu Berlin au 19e Siècle sa chûte n'en fut que plus vertigineuse. Les bombardements incessants de la ville et la bataille finale firent de la somptueuse résidence des Empereurs et des Rois allemands un champ de ruines sans pareil.

Depuis la construction du mur par Berlin-Est en 1961 les Berlinois sont obligés de vivre dans une ville coupée en deux, et sont bien souvent séparés de leur famille. Certes, ils ont appris à vivre depuis dans ces conditions, qui sont pour le moins impossibles. La reconstruction de la ville a repris après les premières années difficiles où règnait la devise «survivre à tous prix». Elle a été poursuivie d'une façon presque exemplaire si bien que les traces de la guerre sont maintenant effacées.

Berlin-Est a suivi une évolution presque identique. Dans les dernières années surtout, de grandes parties du centre, en particulier autour de la «Alexanderplatz» ont été reconstruites, bon nombre de monuments et de bâtiments publics ont retrouvé leur éclat d'antan. Une grande ville, une ville d'importance mondiale, qui était autrefois un tout, prouve au monde entier qu'elle continue à vivre comme création monstrueuse d'un état dédoublé.

Sur les rives du Rhin

(page 157-200)

Comme tous les grands fleuves de notre continent, le Rhin est vraiment un fleuve européen. Sur les 1300 Km qu'il parcourt de sa source à la mer, il arrose trois pays de l'Europe de l'Ouest. Il constitue de plus, sur une très longue distance – à savoir de Bâle à Karlsruhe – une frontière naturelle entre l'Allemagne et la France. Grâce à ses affluents, il fait profiter les Pays-Bas de son delta. Enfin, le Rhin est le type même du fleuve classique: issu des neiges éternelles, torrent impétueux dévalant les pentes abruptes, il traverse des lacs et court à travers des plaines avant de se jeter dans la mer.

Le lac de Constance, à la fois le plus grand et le plus profond lac d'Allemagne, est une oeuvre du Rhin. Il fut formé à l'ère glaciaire lorsque les glaciers alpins s'avancèrent dans le pays. Le glacier du Rhin, particulièrement grand, creusa une profonde cuvette et c'est dans cette cuvette entourée de moraines frontales que le fleuve déversa ses masses d'eau et la combla peu à peu. Du lac inférieur d'òu le fleuve débouche à «Stein am Rhein» il est ou bien entièrement suisse ou il constitue le frontière naturelle entre l'Allemagne et la Suisse jusqu'à Bâle. Coincé entre la Suisse moyenne et le Jura Suisse d'une part et les versants-sud de la Forêt-Noire d'autre part et les versants-sud de la Forêt-Noire d'autre part, la région rhénane du Ober-

rhein – c'est le nom qu'on lui donne du Lac de Constance à Bâle – est caractérisée par un relief ondulé très souvent couvert de forêts allant jusqu'aux rives. A Schaffhouse son cours est interrompu par un récif de calcaire dur du Jura qui relie le Jura Suisse au Jura Souabe. Les masses d'eau se précipitent dans la trouée rocheuse avec une force gigantesque et atteignent à Schaffhouse l'extrémité de la barre d'où elles tombent avec un bruit d'enfer dans le lit profond.

A Bâle, point de jonction de trois pays, le Rhin modifie son cours et son destin. Par un coude spectaculaire le Rhin – devenu dès lors le Niederrhein – prend sa course vers le Nord et quitte pour toujours le lit encaissé qu'il avait jusqu'alors, pour entrer dans la large plaine. Ce chemin lui est dicté par des évènements préhistoriques insurmontables. La plaine d'Alsace, sur le plan géologique, est un fossé d'effondrement. Le jeune fleuve torrentiel issu des montagnes y trouva tout à coup des possibilités insoupçonnées. Il les utilisa largement en y vagabondant à sa guise. Il fallut beaucoup d'efforts et un gigantesque apport de biens financiers et de matériel pour le maîtriser. Presque la totalité de son cours, de Bâle à Mayence, dut être régularisé. Il fallut lui donner un lit et couper les innombrables méandres pour la plupart comblés d'alluvions.

La fertilité du sol dans la plaine du Niederrhein correspond à la prospérité des villes qui se trouvent au pied des montagnes de la Forêt-Noire et des Vosges ou isolées au milieu de la plaine. Les deux villes les plus riches et les plus grandes dans la plaine du Niederrhein sont Fribourg et Strasbourg avec leurs cathédrales célèbres dans le monde entier. Au fur et à mesure qu'on suit le fleuve, les villes célèbres se succèdent à un rythme accéléré. Ce qui manque à Karlsruhe en années est remplacé par la gloire du Classicisme de Weinbrenner. Toujours plus loin en aval se dresse la cathédrale impériale de Spire, date de l'histoire allemande, qui renferme les ossements de huit empereurs allemands. Des deux villes jumelles Mannheim et Ludwigshafen, rivales politiques, Mannheim l'emporte sur le plan historique en tant que résidence des Electeurs du Palatinat. L'imposant château baroque se dresse toujours à l'extrémité de l'artère principale de la ville qui a été construite comme un immense échiquier. Mais le centre vital des deux villes se trouve dans l'angle d'embouchure du Rhin et du Neckar où se succèdent sur des kilomètres et des kilomètres les quais de chargement, les dépôts et les réservoirs de matières combustibles et dans la région industrielle des deux villes soeurs qui ont été édifiées – dit-on – sur «l'Industrie et les Banques, les machines et la Science, sur le charbon, le béton et la construction».

On ne peut pas parler de Spire sans penser immédiatement à Worms et à Mayence. L'ancienne capitale du royaume de Bourgogne est auréolée encore de nos jours du charme de la légende concernant l'anneau des Nibelungen, alors que Worms est célèbre dans l'histoire allemande par des évènements comme le Concordat de Worms, la Diète, qui signa une paix «éternelle» et de l'autre Diète devant laquelle Martin Luther eut à comparaître pour se défendre. De ces temps-là date la merveilleuse cathédrale romane qui a survécu à la guerre, ce qui n'est pas le cas pour de nombreuses oeuvres d'art de cette ville. De Mayence «ville dorée», peu de choses ont survécues à la guerre. Seule la cathédrale de l'ancienne ville épiscopale domine toujours l'imposant panorama du Rhin.

Lorsque la ligne bleue du Taunus se montre à l'horizon, nous entrons dans une nouvelle partie du paysage rhénan. Le fleuve qui vient du Sud est arrêté brusquement à hauteur de Wiesbaden par le massif du Taunus qui l'oblige à se frayer un passage vers l'Ouest. Il traverse ainsi sur une courte distance de 40 km environ un paysage merveilleux, le Rheingau fertile, zone transitoire entre le fleuve majestueux et les versants abrupts des montagnes entièrement recouvertes de forêts. Les versants sud du Taunus, moins escarpés, sont couverts de vignes parsemées de couvents très dignes ou de châteaux riches de traditions. A droite et à gauche du Rhin défilent les vieilles cités vinicoles qui ont donné leur nom à des crus célèbres. Là où le fleuve trace son coude sans doute le plus spectaculaire se trouvent, à peu de distance l'un de l'autre trois sites célèbres entre tous: Rüdesheim et Aßmannshausen sur la rive droite, Bingen en face sur la riche gauche. Déviant son cours vers la droite, le fleuve s'apprête à traverser le Massif schisteux rhénan à la trouée héroïque.

Dès lors, le paysage qui s'offre aux yeux du voyageur est l'image par excellence de la campagne rhénane, avec ses nombreux méandres, les coteaux de vignes, les sites pittoresques, les innombrables châteaux, les châteaux féodaux et les ruines sur les falaises surplombant le fleuve et qui font vibrer les cordes sensibles dans le coeur de maint visiteur. Des nombreuses villes situées sur les deux rives, Coblence est la plus grande et la plus importante avec 121.000 habitants. Les romains y construisirent, avec raison, leur «Castrum ad confluentes» là où la moselle et la Lahn, venant de directions opposées, confluent dans le Rhin. Plus loin, la chaîne de montagne du Siebengebirge se dessine à l'horizon. Comme on le devine à ses formes bizarres, ce massif est une formation volcanique. A ses pieds se trouvent les stations climatiques célèbres comme Honnef, Königswinter et Godesberg.

A partir de là le Rhin a terminé sa difficile course à travers le Massif schisteux rhénan. Comme Rhin inférieur il entre dans la troisième partie de son cours. Après la difficile course à travers la montagne, la lutte continuelle contre les obstacles naturels, le Rhin peut enfin couler majestueusement et paisiblement, distribuant sur son passage l'abondance et la sérénité. C'est là enfin que l'on voit que le Rhin est la voie navigable la plus importante d'Europe, qui traverse les régions les plus peuplées, les plus industrialisées, les plus cultivées aussi et qui, grâce à un réseau d'affluents et de canaux, est reliée à presque toutes les parties de l'Allemagne centrale. Sur les bateaux qui naviguent sur le Rhin flottent les drapeaux de beaucoup de nations.

La première grande ville au bord du fleuve débouchant de la montagne est Bonn, capitale de la R.F.A. Vingt-cinq km plus loin en aval suit Cologne, la digne «Colonia agrippinensis», dont on aperçoit de loin les tours jumelles de sa cathédrale monumentale. A la sortie de la plaine de Cologne l'image du fleuve ne change plus, seul l'aspect de ses rives varie sans cesse. Derrière Cologne on assiste au premier changement de décor: un paysage d'industrie se dresse sur les deux rives et culmine dans les installations gigantesques du bassin rhénan de Duisburg-Ruhrort. Avant lui, on passe encore devant un panorama de buildings imposants au bord du Rhin: Düsseldorf, la ville d'affaires de la Ruhr, «le bureau de la région de la Ruhr» comme on l'appelle familièrement en raison des innombrables Konzern et Syndicats professionnels ou autres ayant leur siège dans cette ville.

C'est au Rhin d'ailleurs qu'est du cette campagne essentiellement technique. Il a terminé son oeuvre lorsqu'il entre derrière Hamborn dans la vaste et basse plaine et prend sa course vers la mer en formant sur son passage à travers les Pays-Bas un immense delta.

Le seuil des Montagnes Moyennes
(Page 201-224)

Dans la région de l'Europe Centrale caractérisée par son relief à trois niveaux, les montagnes moyennes en constituent le second et sans doute le plus impressionnant. La large ceinture de montagnes boisées qui s'étend de l'Eifel aux Sudètes à travers toute l'Allemagne est en réalité la ligne médiane entre le Nord et le Sud. Ses forêts profondes parlent d'Histoire et de légendes, elles ont servi de cadre aux contes allemands et beaucoup de nos chansons populaires parlent du charme et de la beauté de la forêt allemande qui ne trouve pas son pareil dans le monde entier. Sur le sommet des montagnes moyennes la forêt nous apparaît comme au temps jadis dans toute son originalité et son charme un peu désuet, alors que plus loin, dans les vallées, elle a dû faire place aux prés et aux champs du paysan. Peu de gens osèrent pénétrer dans la forêt, à part les bûcherons et les charbonniers. D'autres régions furent conquises par les mineurs et peu à peu les gisements de minerai de fer dans le Westerwald et en Thuringe, les mines d'argent du Harz et des Monts Métallifères, entraînèrent une colonisation des régions les plus sauvages. Mais les trésors les plus fabuleux ont une fin. Déjà au 15e Siècle on ressent un net recul des exploitations minières. Mais les habitants de cette région surent faire preuve d'esprit d'adaptation. Grâce à la méthode du travail à domicile une industrie artisanale très variée se développa: articles de ferronnerie dans la montagne, dentelle au fuseau, papier, machines, articles tissés, instruments de musique dans les Monts Métallifères, verrerie, jouets et articles de décoration de Noël dans les forêts de Franconie et de Thuringe.

A ces sources de revenus s'ajouta le tourisme lorsque la beauté du paysage attira les visiteurs. Les régions moins industrialisées comme les vallées et les montagnes du Taunus, de la Rhön, de la forêt de Thuringe, du Harz, des Monts Métallifères et de l'Elbsandsteingebirge (Suisse saxonne) devinrent des lieux très appréciés par les touristes. Enfin, la multitude de sources thermales entrainèrent la création de nombreuses stations.

La structure géologique des Montagnes Moyennes allemandes est très variée: dans la formation du sillon on remarque trois tendances; celle du Harz, celle des Monts Métallifères et celle du Massif rhénan. A l'époque tertiaire cette région fut agitée par des phénomènes tectoniques et volcaniques. Les montagnes allemandes sont d'échiquetées et apparais sent soit sous forme de hauteurs, soit sous forme de bassins. Entre les deux se sont déversés des torrents de lave, en particulier près du Rhin et en Hesse, où des dômes de basalte caractérisent le paysage.

Mais les plus belles contrées des Montagnes Moyennes se trouvent dans les vallées et au bord des plateaux surplombant les plaines; les vallées fluviales dont la plus romantique et la plus légendaire est celle du Rhin, plus loin celler de la Werra et de la Fulda qui se réunissent vers la Weser et enfin les affluents du Rhin bordés de petites villes et de villages pittoresques, en particulier la Moselle: voilà les images idéales de la campagne allemande.

Pour reconnaître la direction du sillon des Montagnes Moyennes allant d'Ouest en Est, il faut prendre un atlas. Le sillon des Montagnes Moyennes commence à gauche du Rhin, avec l'Eifel et le Hunsrück plus au Sud. Le Massif schisteux Rhénan forme le point de contact avec les régions montagneuses à droite du Rhin, dans lesquelles même le géographe a du mal à se retrouver: le géologue doit lui venir en aide. Mais chaque région porte un nom entre le Rheingau (plaine du Rhin) et la Westphalie. Au Sud, avant le triangle formé par le Rhin et le Main se dresse le Taunus, une barrière de montagnes de 70 km de long environ entre le Rhin, le Main, la Lahn et les Monts de la Wetterau dont le plus haut sommet est le Großer Feldberg avec 881 m. Au pied du versant Sud du Taunus s'étend la riche plaine du Rhin.

Le Taunus est la région d'Allemagne la plus riche en sources minérales; au cours des années, des stations thermales se sont développées telles Wiesbaden, Schwalbach, Soden, Schlangenbad, Homburg (Hombourg) et Nauheim. La capitale de l'Etat de Hesse d'une superficie totale de 21.112 km² et de 5.513.000 habitants, et qui vient au cinquième rang de tous les Lands allemands, est Wiesbaden avec 254.000 habitants. La métropole industrielle et commerciale de l'Etat est cependant Francfort/Main avec 671.000 habitants.

Au Taunus se rattache ver le Nord-Ouest au-delà de la Lahn le Westerwald, qui se prolonge dans la même direction vers le Nord et le Nord-Est dans le Sauerland, région très boisée, et vers l'est dans le Siegerland et le Rothaargebirge.

Les montagnes de Hesse qui se rattachent vers l'Est à cette variété de massifs sont aussi difficiles à définir. Elles se composent du Vogelsberg, vestige volcanique à l'Est du Taunus et de la plaine de la Wetterau, et de la Rhön qui se tourne vers l'Est et qui est partagée entre la Hesse, la Bavière et la Thuringe. Au pied de la Rhön se trouve la vieille ville épiscopale Fulda, dont l'histoire remonte à l'apôtre Boniface. La Rhön atteint dans la «Wasserkuppe» une hauteur de 950 m. La Fulda y prend sa source et conflue avec la Werra pour se jeter dans la Weser à Münden. Mais auparavant se dresse sur ses rives l'ancienne résidence des Electeurs de Hesse, Kassel (213.000 habitants). De là le chemin est court pour aller dans la région du Waldecker Land, où se trouve le lac Edersee, un des plus grands barrages d'Allemagne.

Les formations de montagnes qui entourent la région de Kassel sont un véritable puzzle de petites montagnes. Les montagnes Knüllgebirge, Säulingswald, Kellerwald, Hoher

Meißner, Kaufunger Wald et Habichtswald font partie de ces îlots montagneux avant d'arriver à la Reinhardswald sur la rive-Ouest de la jeune Weser et qui termine au Nord la région montagneuse de la Hesse.

Sur le plan géologique la Reinhardswald fait partie de la région montagneuse de la Weser qui n'est pas moins variée mais plus facile à définir. On peut, en effet considérer les montagnes de la Weser comme les contreforts-Nord des Montagnes Moyennes. Sur la rive gauche de la Weser se trouve l'Eggegebirge entre Bad Driburg et Paderborn avec le Mont Hausheide (441 m). Elle se prolonge dans la mince chaîne du Teutoburger Wald (Forêt de Teutoburg). A l'Est de la Weser nous avons du Sud au Nord: Bramwald, Solling, Vogler, Hils et Ith, Süntel et Deister, enfin les Monts Bückeberge et Wesergebirge.

Les Forêts de Thuringe et de Franconie se rattachent immédiatement aux massifs de la Hesse à l'Est. Nous avons déjà évoqué la situation particulère des Monts du Fichtelgebirge. Le Fichtelgebirge à l'extrémité Nord-Est de la Bavière, dont les plus hauts sommets sont d'une part le Schneeberg (1053 m) et le Ochsenkopf (1024 m) n'est pas seulement un point de jonction mais également le puits d'où jaillissent les sources de nombreux fleuves qui partent dans toutes les directions: le Main ou plus exactement une de ses sources, le Main Blanc (Weißer Main), la Saale, l'Eger et la Naab.

En prolongation vers l'Est nous avons les Monts Métallifères, situés sur le territoire de la DDR (RDA) qui les partagent avec la Tchécoslovaquie car la frontière entre les deux pays se trouve en grande partie sur la crête de la montagne. Sur le côté allemand ils atteignent avec le Fichtelberg 1214 m, sur le côté tchécoslovaque 1244 m avec le Keilberg. A la trouée de l'Elbe (Elbdurchbruch) les Monts Métallifères se prolongent dans l'Elbsandsteingebirge (Suisse saxonne) qui se caractérise pas ses formations rocheuses bizarres et ses sommets qui se dressent tels des îlots comme le Königstein, le Lilienstein et le Pfaffenstein.

Le massif montagneux qui s'étend au Sud-Est du Fichtelgebirge est le Oberpfälzer Wald (Forêt du Haut-Palatinat) puis le Böhmerwald (Forêt de Bohême) qui est lui aussi une montagne-frontière entre l'Allemagne et la Tchécoslovaquie, surtout en ce qui concerne la région dite «Hinteren Wald». Le plus haut sommet de cette chaîne de montagnes est le Großer Arber, avec 1457 m. Les parties situées à l'Est sont séparées des parties Ouest par un sillon longitudinal qui est connu, en ce qui concerne le côté allemand, sous le nom de Bayerischer Wald (Forêt de Bavière). Cette région de forêt est un monde isolé, assez peu fréquenté par les touristes.

Entre le Main et le Danube

(Page 225-252)

En sortant des sombres forêts des Montagnes Moyennes on entre dans un beau pays fertile parsemé de grandes villes riches en monuments, de petites villes moyenâgeuses entourées de leurs fortifications, de petites églises baroques et de châteaux. En un mot nous entrons dans le «coffret à bijoux» de l'Allemagne. Une infinie variété de paysages s'offre aux yeux émerveillés du touriste: de larges collines, des vallées fluviales encaissées, des bassins plats limités à l'horizon par des collines boisées ou des versants abrupts. En Franconie les hauts-plateaux sont particulièrement vastes, et les villages qui s'y trouvent respirent l'opulence. En pays souabe, des deux côtés du Neckar, les côtes sont rapprochées: nous sommes dans une région de collines très fertiles et très peuplées.

Plus au Sud le paysage change tout à fait. Il est dominé jusqu'au Danube par le Jura Souabe, chaîne de montagne relativement jeune de 200 km de long et de 700 m de haut, qui est surtout caractérisé par l'alternance de vallées fertiles et de hauts-plateaux arides, pauvres en eau.

Là où le Jura s'abaisse brusquement de 400 m vers la plaine, se sont développées de riches villes artisanales comme Reutlingen, Göppingen et Schwäbisch Gmünd.

C'est dans cette région que coule le Neckar – au début en direction Nord-Est tout comme le Jura –; c'est là que se trouve la ville universitaire de Tübingen. Puis il se tourne au-dessus d'Eßlingen vers le Nord-Ouest. La capitale souabe, Stuttgart, est située dans un bassin fluvial secondaire et compte aujourd'hui 584 000 habitants. Elle est la capitale, très active, de l'Etat de Bade-Wurtemberg qui vient au troisième rang par sa superficie (35.750 km²) et par la densité de sa population (9.112.000 habitants). En aval de Stuttgart le Neckar entre dans une région de coquillart, qui, contrairement à la région boisée des Keuperbergen à l'Est, est une région d'agriculture. La plus grande ville en est Heilbronn. Enfin, le Neckar continue sa course dans une vallée étroite et romantique, dans le Bundsandstein-Odenwald, qui atteint son point culminant à Heidelberg (121.000 habitants) avec la ruine pittoresque de son château.

La région de frontière entre la Souabe et la Franconie, qui est arrosée par le Kocher et le Jagst vers le Neckar, la Tauber vers le Main et la Wörnitz vers le Danube, est avant tout un pays agricole et n'a pas de grandes villes. Elle est caractérisée surtout par d'imposants châteaux, des sites pittoresques qui ont gardé leur accent moyenâgeux avec leur mur d'enceinte, leurs tours et leurs portes, surtout les petites villes le long de la «route romantique» comme Rothenburg ob der Tauber, Dinkelsbühl et Nördlingen.

Le Jura Souabe se prolonge au Nord-Est et plus loin vers le Nord par le Jura franconien – qui dans la partie Nord à savoir Nuremberg – Bamberg – Bayreuth porte le nom de Suisse de Franconie –. C'est un plateau légèrement arrondi, traversé par les profondes vallées fluviales, aux formations rocheuses bizarres, formant un paysage vraiment pittoresque. Les grottes sont une curiosité du massif du Jura. Il y en a d'innombrables en Suisse franconienne. Plus de 1000 grottes plus ou moins grandes ont été relevées et chaque année on en découvre d'autres.

Contrairement au Jura Souabe, le Jura Franconien n'est que peu industrialisé et, partant, moins peuplé. C'est déjà dans la région des terres sablonneuses aux forêts de pins et de mélèzes, que se trouve dans le sillon de Rednitz l'ancienne ville libre impériale de Nuremberg ville natale d'Albrecht Dürer. A côté de l'industrie traditionnelle du pain d'épices, des crayons et des jouets, elle a aujourd'hui de grandes entreprises électro-techniques, des entreprises de construction de machines et de transformation de métaux et compte 514.000 habitants. Si l'on y ajoute les villes voisines de Fürth et d'Erlangen, cette région industrielle de la Bavière du Nord atteint 3/4 de Million d'habitants.

Le Jura Franconien sépare les régions du Main et du Danube. C'est le Main qui prédomine avec ses affluents la partie Nord de la Bavière, territoire de l'ancienne tribu franque. Il est formé par deux fleuves, le Main blanc (Weißer Main) et le Main Rouge (Roter Main). Le Main blanc prend sa source dans le Fichtelgebirge, sur le versant-est du Mont Ochsenkopf à 804 m d'altitude, et le Main rouge prend sa source à 480 m d'altitude au bord du Jura Franconien. Le Main blanc atteint la plus grande ville de son cours à Kulmbach, célèbre par son imposant château Renaissance Plassenburg, qui fut jusqu'en 1604 résidence du Margrave de Brandebourg-Kulmbach et célèbre aussi comme ville de la bière. Le Main rouge a également une grande ville sur son parcours: il touche Bayreuth, ancienne ville de résidence d'été du Margrave de Brandebourg-Kulmbach, célèbre dans le monde entier par les festivals de musique wagnérienne. Directement après Kulmbach les deux fleuves se rejoignent pour former le Main qui traverse maintenant un paysage sans cesse changeant. Le nombre de villes et de grandes villes où il y aura une multitude de choses à voir ne fait que grandir. Nous ne pouvons en citer que quelques-unes des plus importantes: Bamberg, vieille cité impériale et épiscopale dont le plus vieux quartier et le plus pittoresque est dominé par la cathédrale avec ses quatre tours et l'église St-Michel. La cathédrale consacrée en 1237, est un des plus beaux exemples de l'art architectural roman finissant.

Plus célèbre encore, voici Würzburg, avec le château des princes évêques, la forteresse Marienburg, qui domine la ville avec ses petites rues familières, ses petites places, les vignobles avoisinnants.

Nombreuses sont également les petites villes moyenâgeuses avec leurs forteresses et leurs vieilles portes: Marktbreit, Ochsenfurt, Sulzfeld, Frickenhausen et bien d'autres encore. On a presque l'impression d'assister à une intensification de la beauté des sites au fur et à mesure que l'on va vers l'Ouest car c'est là qu'apparaissent les hauteurs du sombre Spessart et au Sud les collines de l'Odenwald qui se pressent toujours plus autour du fleuve, si bien que les petites localités vinicoles de Wertheim, Freudenberg et Miltenberg semblent avoir du mal à garder leur place dans cette vallée étroite. Plus souvent que sur le cours supérieur du Main les saillies des montagnes portent les ruines de vieux châteaux dont l'histoire remonte au temps des Romains ou des Chevaliers. Au terme d'un tel voyage on arrive à Aschaffenburg, ancienne résidence d'été des évêques de Mayence, avec son château de Johannisburg de style Renaissance. C'est là que s'arrête la Forêt de Franconie; le Main, de plus en plus bordé de villes et de centres industriels, coule à travers une large plaine en passant par Hanau, Offenbach et Francfort à la rencontre du Rhin.

La frontière-Sud de la partie de l'Allemagne dont il sera question dans les pages qui suivent est le Danube. C'est vraiment un fleuve international, dont la source et le cours supérieur se trouvent en Allemagne et qui, à partir de Passau traverse trois pays, l'Autriche, la Hongrie et la Yougoslavie, avant de devenir à la fin de son parcours un fleuve-frontière entre la Roumanie et la Bulgarie et, avec le bras nord de son delta, un fleuve-frontière entre la Roumanie et l'U.R.S.S. avant de se jeter dans la mer noire.

Quand le jeune fleuve a traversé le Jura Souabe, il parcourt jusqu'à la Forêt de Bavière plusieurs bassins marécageux. Sur ses rives se sont établies de petites et de grandes villes qui doivent leur importance économique au fleuve devenu navigable. Ulm est la première de ces villes. Les habitants d'Ulm faisaient déjà autrefois le commerce avec les états voisins, en particulier les pays balkaniques. Puis vient Ingolstadt, ncienne ville des Ducs de Bavière, aujourd'hui centre industriel en pleine expansion, qui garde cependant des traces de son ancienne gloire. Avant l'embouchure de l'Altmühl, la vallée se rétrécit une fois encore et le Danube est obligé de se creuser un passage à travers les derniers contreforts du Jura. La vallée ainsi creusée est très belle et riche en sites pittoresques. Elle prend fin juste avant Ratisbonne. Le Danube atteint son point le plus au Nord là où il reçoit l'eau de trois affluents, l'Altmühl, la Naab et la Regen. Les Celtes avaient déjà construit à cet endroit une ville importante, Radasbona. Les Romains en firent autant, Castra Regina, qui devient sous le nom de Ratisbonne une ville de toute première importante pour l'expansion du peuple bavarois. L'histoire de la ville actuelle, qui compte 133.000 habitants, est encore plus brillante que celle d'Ulm, car ce n'est qu'à partir de Ratisbonne que la navigation sur le Danube avec des bateaux d'une certaine importance a pris un réel essor. Cette ville, qui possédait sa propre flotte, faisait le commerce avec les Balkans et l'Orient.

Mais la navigation sur le Danube ne prendra vraiment une importance incomparable que lorsque les travaux du Canal reliant le Rhin par le Main au Danube à hauteur de Kelheim seront terminés. La dernière étape du Danube sur le territoire allemand, et une des plus brillantes, est Passau qui peut, à juste titre, se glorifier d'être une des plus belles villes d'Allemagne. Construite au point de rencontre de deux fleuves importants l'Inn et l'Ilz avec le Danube, la ville s'intègre merveilleusement dans le paysage. Le Danube, qui atteint à cette hauteur une largeur de 211 m, ne pouvait pas quitter son pays natal d'une façon plus spectaculaire.

Préalpes et alpes Allemandes

(Page 253-279)

L'Angle formé par le Danube et les préalpes en Basse-Bavière est un paysage de collines dont les roches datent de l'ère tertiaire, en Haute-Bavière et en Souabe une large plaine sédimentaire de l'ère quaternaire, recouverte au pied des montagnes de moraines datant de glaciations plus récentes ou plus anciennes. Dans la partie morainique plus récente, devant les Alpes, on trouve de grands et de petits lacs, très souvent de forme allongée, et très profonds comme le Lac Ammersee, le Lac Starnberger See (de Starnberg) et le Lac

Chiemsee. Ils ont été formés par les glaciers descendant de la montagne. De nombreux fleuves prennent leur source dans les Alpes; les affluents du Danube, Iller Lech, Isar, Inn. Ils partent tout d'abord d'Ouest vers le Nord, puis font un coude et partent vers l'Est contournant ainsi ce paysage assez monotone de collines et de plateaux. C'est sur un terrain de rocailles, autrefois entièrement boisé, au bord de l'Isar, qu'a été fondée la ville de Munich, ville de résidence depuis le 13ème Siècle des Ducs de Bavière, aujourd'hui capitale de l'Etat de Bavière (70.547 km² et 10.852.000 habitants) et troisième ville d'Allemagne avec 1.337.000 habitants.

Augsbourg est plus vieille que Munich. Elle était au Moyen-âge une ville de commerce très importante. Cette ville doit son importance actuelle à l'implantation de quelques entreprises industrielles et compte 256.000 habitants. Memmingen, Kempten et Kaufbeuren étaient, elles aussi, des villes libres de l'Empire. Elles ont continué à développer leurs artisanats, mais ne sont pas devenues de grandes villes. L'Allgäu, région ouest des Préalpes allemandes fait partie de la Souabe bavaroise sur le plan politique. Le climat y est assez humide, si bien que sur les riches terres de la zone préalpine comme dans les vallées gréseuses des Alpes on élève surtout de grands troupeaux de bovins.

Tout à l'extrême Sud-Ouest, au milieu d'un paysage très agréable, se situe le plus grand des lacs allemands, le Lac de Constance. Entre Bregenz et Ludwigshafen la mer souabe mesure 63,5 km et atteint sa plus grande largeur entre Langenargen et Rohrschach avec 14 km. Le lac est composé visiblement de trois parties: le lac supérieur entre Bregenz et Constance, qui a la plus grande superficie, le lac d'Überlingen qui prolonge le lac supérieur au Nord-Ouest et le lac inférieur qui est séparé du bassin principal du lac par le Rhin, redevenu indépendant sur une distance de 4 km près de Constance. Le merveilleux décor des Préalpes, un climat exceptionnellement doux et la fertilité du sol ont contribué tout à la fois à faire de la région du lac de Constance un centre de culture. On peut, en effet, faire un voyage à travers les temps sur ses rives. A plusieurs endroits on a retrouvé les restes de constructions sur pilotis datant de la Préhistoire. Mais dans l'ensemble toutes les grandes époques de l'Histoire allemande y ont laissé des traces. Dans les églises de Reichenau on trouve des joyaux de l'Art roman, dans les cathédrales de Constance et d'Überlingen des chefs-d'oeuvre de l'Art gothique, un peu partout dans les villes et les villages des maisons bourgeoises datant de la Renaissance et enfin – ce qui correspond d'ailleurs parfaitement à une végétation plantureuse – l'exubérance de l'Art baroque à l'intérieur comme à l'extérieur des églises, des couvents et des châteaux sur les rives et dans les montagnes avoisinantes: Heiligenberg, Salem, Birnau et Friedrichshafen.

La part des Alpes qui revient à l'Allemagne est très petite du point de vue superficie, mais très importante sur le plan esthétique. Le paysage des Alpes allemandes est varié, pittoresque, impressionnant parfois, mais presque toujours agréable. La route des Alpes «Deutsche Alpenstraße» les parcourt du Lac de Constance à Berchtesgaden d'Ouest en Est. Elle longe la chaîne des montagnes de l'Allgäu (Allgäuer Bergen) jusqu'au cirque d'Oberstdorf, station climatique et de Sports d'hiver connue dans le monde entier, puis la station de Hindelang et rejoint enfin sur une petite route en lacets (107 lacets au moins) le chemin du «Joch» (col) jusqu'au petit village de montagne «Oberjoch». A cet endroit la route des Alpes est interrompue. Pour continuer il faut emprunter la route du col «Oberjoch-Paß» à travers le Tyrol vers Füssen ou en direction de Nesselwang par Sonthofen, d'où l'on peut reprendre la «route des Alpes».

La beauté du paysage est telle, les points de vue panoramiques se succèdent à un rythme tel, qu'il est impossible de tout voir. Füssen avec ses lacs, les châteaux royaux de Neuschwanstein et Hohenschwangau, les églises dans la région dite «Pfaffenwinkel», Oberammergau, ville célèbre par son jeu de la passion, le château royal de Linderhof et l'Abbaye bénédictine d'Ettal avec sa grandiose église baroque. Mais tout cela n'est qu'un avant-goût de la beauté indescriptible qui attend le voyageur dans la région de Werdenfels avec la ville de Garmisch-Partenkirchen comme apothéose. La plupart des touristes préfère cette partie des alpes bavaroises avec les Monts du Wettersteingebirge, dominés par le plus haut sommet allemand la «Zugspitze» (2.963 m) et la chaîne découpée du «Karwendel» au pied duquel so trouve la pittoresque ville de Mittenwald, célèbre par ses violons. Presque chaque kilomètre de route parcourue découvre de nouvelles beautés qu'il n'est pas possible de décrire dans ce court exposé. Citons toutefois le sombre lac de Walchen et l'agréable lac

de Kochel, le charmant lac de Tegernsee, le petit lac de Schliersee et le lac artificiel de Sylvenstein dans la vallée de l'Isar. Les montagnes panoramiques célèbres sont Herzogstand, Benediktenwand et le Mont du Wendelstein. La plus célèbre station de sports d'hiver de la région est celle de Sudelfeld près de Bayrischzell. Enfin, on y trouve aussi des stations thermales comme Kohlgrub, Heilbrunn, Tölz et Wiessee pour ne citer que celles-là.

Sur l'autre rive de l'Inn on entre dans le Chiemgau. Le grand lac de Chiemsee a des rives plates, en partie marécageuses appellées «Filze». Le lac a deux îles: la petite île pittoresque de Fraueninsel (Ile des Femmes) avec son couvent, et l'île de Herreninsel (Ile des Hommes) avec son merveilleux château de Herrenchiemsee, construit tout comme les châteaux de Neuschwanstein et Linderhof par le roi Louis II de Bavière. Les montagnes du Chiemgau permettent de la Kampenwand, du Hochgern et du Rauschberg, – tous d'une hauteur de 1700 m environ –, une vue panoramique sur les Tauern et au-delà du lac. Reit im Winkl et Ruhpolding sont des lieux touristiques appréciés.

L'extrême Sud-Est de l'Allemagne est, tout comme la région de Salzbourg, caractérisée par les gisements de sel. Les sources salines de Bad Reichenhall étaient déjà célèbres du temps des Romains. La région de Berchtesgaden proprement dite était autrefois une forêt vierge et inhabitée jusqu'en 1102, date à laquelle y fut construit un couvent. La cuvette ensoleillée dans laquelle se trouve la petite cité de Berchtesgaden est entourée de blocs calcaires très escarpés de 2000 m de haut environ comme le Untersberg, le Lattengebirge et la Reiteralpe. Vers le Sud s'y rattache une chaîne de montagnes plus hautes, très découpées: le Watzmann (2.713 m) le Hochkalter (2.607 m) et le Hohe Göll (2.522 m). C'est dans ce panorama de montagnes éblouissantes qu'est encastré 2.000 mètres plus bas l'étroit lac de Königssee avec son eau d'un bleu profond et qui offre ainsi l'image la plus grandiose de toutes les Alpes.

Quellenverzeichnis *Acknowlegdement*
Indication des Sources

Zwischen Main und Donau

Alpenvorland und deutsche Alpen

Hamburg, Blick auf den Hafen. Die Freie und Hansestadt Hamburg ist mit 1 850 000 Einwohnern die größte Stadt der Bundesrepublik Deutschland. Sie breitet sich mit ihren Vorstädten auf beiden Seiten der Niederelbe aus. Es ist ein eindrucksvolles Panorama, das sich dem Blick des Besuchers öffnet – ganz gleich, ob er sich der Stadt mit dem Schiff nähert, ob man mit dem Auto oder Eisenbahn von Süden kommt oder ob man die Hansestadt mit dem Flugzeug ansteuert. Das unübersehbare Gewirr der Hafenbecken zwischen der Norder- und Süderelbe und die Stadtsilhouette mit den vielen Türmen und neuerdings auch mit den mächtigen Kuben, Würfeln und Scheiben der Bürohäuser und Wohnblocks bilden ein einzigartiges Bild.

Hamburg: world port in perspective.

Hambourg: Panorama d'un port mondial.